JN101031

ワニブックス

はじめに

「26年前に行方不明の男性、近所で発見〈魔法かけられ〉助け呼べず」

　これは２０２４年５月15日にＡＦＰ通信社から配信された記事のタイトルである。場所は北アフリカのアルジェリア、内戦最中の１９９８年に行方不明になった男性（当時19歳）が自宅から２００メートルほどの距離にある民家の干し草の山のなかから発見された。この男性が、「男にかけられた魔法のせいで」逃げることも助けを呼ぶこともできなかったと言うのである。男性を拉致（らち）・監禁していた男も逮捕されているから26年間にも及ぶ拉致・監禁は事実のようだが、残念ながら魔法については詳しく報じられていない。

　世界のニュースにアンテナを張り巡らせていると、魔女狩りや呪術（じゅじゅつ）にまつわる事件がいやでも目に入る。地球上にはいまだ呪術師頼みで生きる人びとや地域が多く残り、科学が発達した先進国では、主にフィクションや個人的嗜好（しこう）の世界で呪術や魔法は欠かせないアイテムと化している。

　日本もまた例外ではない。人気漫画の『呪術廻戦』は、原作者の芥見下々（あくたみげげ）が年内の連載終了を宣言したこともあって、両面宿儺（すくな）と呪術高専との終盤ならではの熱い戦いが展開されている。

　日本史上最強の呪術師と言えば、誰もが安倍晴明（あべのせいめい）の名を挙げるだろうが、今年（２０２４年）

は若き日の晴明を描いた映画『陰陽師0』が公開され、NHKの大河ドラマ『光る君へ』でも毎週のように晴明が登場。晴明尽くしの年と言ってもよいかもしれない。

ライトノベルや漫画の世界では「異世界転生」ものが一つの分野として確立しており、どの作品でも主人公は厳しい修行や鍛錬を積むことなく、転生時点から魔法や特殊能力を身に付けている。

アマゾン・プライム・ビデオで放映された『ロード・オブ・ザ・リング　力の指輪』は第1シーズンが好評だったため、年内に第2シーズンの放映が予定され、2023年に公開されたラッセル・クロウ主演のオカルト映画『ヴァチカンのエクソシスト』も続編の制作が決定された。TBS系列の紀行バラエティー番組『クレイジージャーニー』でも呪物研究家・田中俊行の登場回がとりわけ人気など、日本も世界も呪術や魔法に心の安らぎを見出しているかのような様相を呈している。

需要があるなら、それに応えるのがクリエーターの役目で、作家としてできるのは文章にすること。類書を探しても、古今東西の事例を幅広く扱ったものが意外に少なく、本書はその穴を埋めるべく生まれた企画である。呪術理解の一歩としてお勧めする。

2024年6月

島崎　晋

序章 世界中で起きている呪術事件史

第1章 古代文明、神秘の呪術史

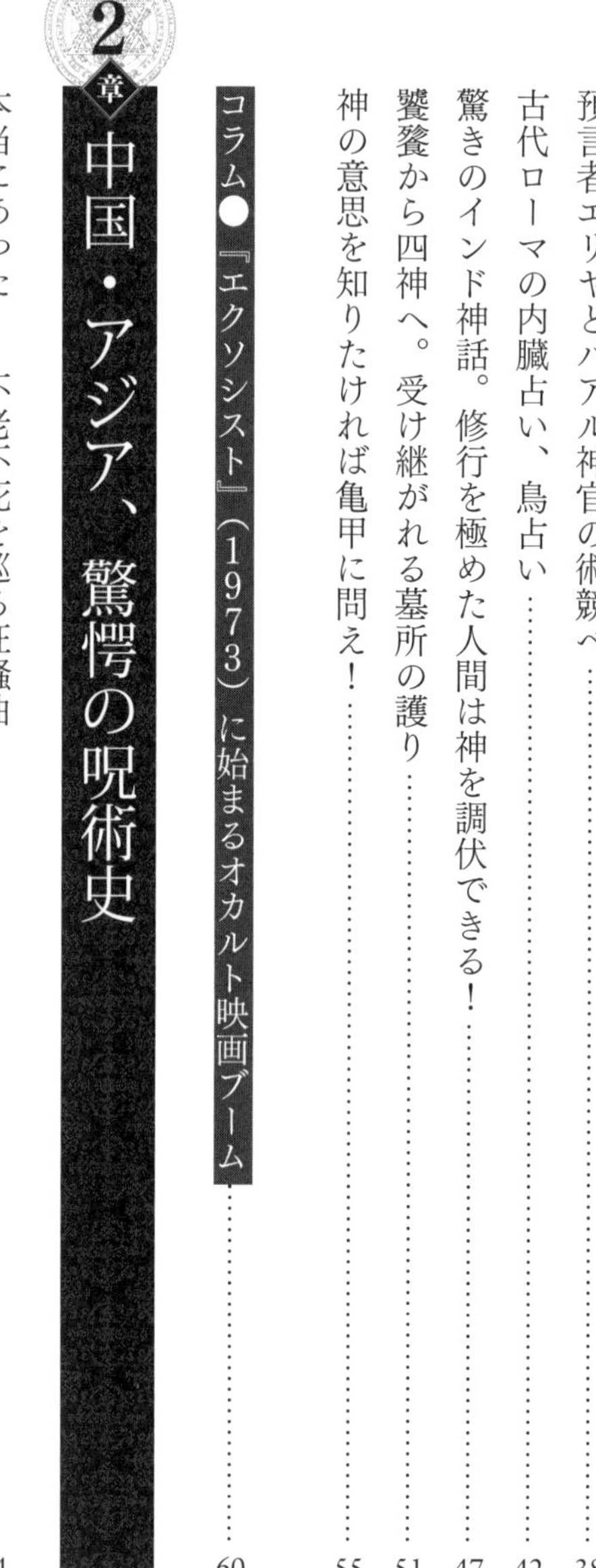

第2章 中国・アジア、驚愕の呪術史

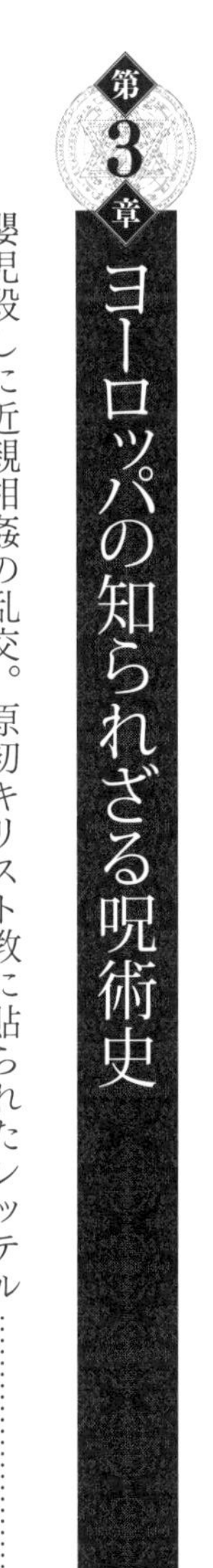

第3章 ヨーロッパの知られざる呪術史

第4章 日本の歴史ある呪術史

第5章 近現代に起こった呪術史

［参考文献］

※敬称につきましては、一部省略いたしました。
役職は当時のものです。
※写真にクレジットがないものは、パブリックドメインです。

序章 世界中で起きている呪術事件史

秘薬の材料に最適？　命がいくつあっても足りないアルビノの憂鬱

世界の一部地域では、マイノリティーがマイノリティーという理由だけで迫害を被り、死者が出ることも珍しくはない。

目障りだから殺す。生意気だから殺す。殺したいから殺す。理由はどうあれ、殺人が目的化していることは間違いない。

だが、アフリカのサハラ砂漠以南では、これとは性格を異にする誘拐や殺人が増加傾向にある。被害者は「アルビノ」で、犯人たちの目的はアルビノの肉体をカットし、高値で売りつけることにある。

アルビノは病気の一つで、日本の医学界では先天性色素欠乏症と呼ばれる。生まれつき肌や髪の毛の色を構成するメラニン色素が少ないため、全身の肌が白く、日焼けだけでも命取りになりかねない。2万人に1人の確率で生まれることから、日本でも国の難病に指定されている。

白人の世界に生まれる分にはあまり目立たないが、肌色が濃い黒色ばかりの人の多いサハラ砂漠以南のアフリカでは嫌でも目立つ。目立つだけならまだしも、アルビノの肉体を使って呪術の儀式を行なえば、富と名声を得られるとの俗信は、笑って済ませられるものではなかった。

参考までに、パリに本拠地を構えるＡＦＰ（フランス通信社）がここ数年に報じたアルビノに関する記事の見出しを並べておこう。ＡＦＰは世界三大通信社の一つで、世界最古の通信社でもある。

「アルビノの5歳児、頭部と両脚のない遺体で発見 呪術目的か コンゴ」（２０２３年2月３日）

「アルビノの子供３人の売却計画、父親とおじ逮捕 モザンビーク」（２０２２年7月27日）

「アルビノ男性殺人事件、カトリック司祭に禁錮30年 マラウィ」（２０２２年6月28日）

「コロナ禍でアルビノの殺人増加 国連報告書」（２０２１年7月31日）

コンゴ民主共和国の事件はルワンダおよびブルンジと国境を接する南キブ州で起きたもので、同国のアルビノ支援団体によると、同州内では２００９年以降、同様の状態で遺体となって発見されたアルビノが18人に上り、それ以外にもアルビノの墓10基が荒らされ、アルビノの誘拐未遂も22件確認されているという。

モザンビークの事件では、父親とおじが9歳から16歳の子供３人を隣国のマラウィに連れていき、約４万ドル（約６００万円）で売る計画を立てたとされ、マラウィの殺人事件で逮捕された司祭には禁固30年の有罪判決が下された。

国連の報告書はこの３つの事件より前に発表されたものだが、同じ記事のなかで、アルビノの人権状況に関する国連の独立専門家が、事件の増加に関して、「コロナ禍で貧困に陥った人の一部が手っ取り早く金をもうけようと呪術に頼ったため」「さらに悲劇的なことに、被害者の大半は子供たちだ」と指摘しており、事件の背後に潜む闇が途方もない深さであることを感じさせる。

犠牲者の数は毎年100人以上。インド東部でやまない魔女狩り

呪術の犠牲にされているのはアルビノだけでなく、インド東部の農村では、近世ヨーロッパでのそれを彷彿とさせる魔女狩りが横行しており、この問題については、2023年8月25日に「プレジデント・オンライン」で配信された「爪を剥ぎ、排泄物を食べさせ、全裸で引き回す…1500人以上が殺害された〈インドの魔女狩り〉の惨い実態」（文：青葉やまと）に詳しい。

同記事は冒頭で、ニューヨーク・タイムズ紙の報道によるとして、インドでは2021年までの12年間で1500人以上が殺害されたと記している。その数字はインド犯罪記録局のデータをもとにしているので誇張ではなく、警察沙汰になっていない件が相当数ある可能性を考慮すれば、実際の被害者数は1500人をはるかに上回るはずだ。殺害までに至らずとも、「魔女の烙印を押された女性たちは、爪を剥がされたり、糞を食べさせられたり、裸で引きずり回

されたり、黒や青の痣ができるほど殴られたりしている」というから、もはや村ぐるみ、地域ぐるみの犯罪といえる。

摘発された事件のなかには、村の名家からの性的行為の誘いを断っただけで魔女のレッテルを貼られたというように、私怨を晴らす目的のものもあるが、大半は疫病や自然災害、不慮の事故から作物の不作、井戸水の枯渇、体調不良、家畜の死、ウシの乳の出がよくないといった日常的な出来事まで、およそ不利益と見なされるすべてを魔女の仕業とする因習に由来しており、多くの場合、オジャと呼ばれる呪術医の関与が確認されている。

今やインドは中国を抜いて世界一の人口大国になったが、国内における医師の絶対数は足りておらず、特に少数民族が多数を占める東部では医師が一人もいないところが多い。それらの地域ではオジャを頼るしかないが、オジャのすべてが善人で、なおかつ道徳的であるわけではなく、現実には高額な料金を請求し、現金がない場合は現物での支払を要求する者、やたらと誰かに魔女のレッテルを貼る者もいる。

魔女と名指しされる者の大半は老若や既婚・未婚に関係なく、「集落の中でかろうじて暮らしている女性」だという。最も被害の多いジャールカンド州では２０２１年の1年間だけで８５４件の魔女狩り事件が起こり、そのうち32件が殺人事件に発展した。国際社会の目もあるため、州議会が魔女行為防止法を可決し、魔女認定や魔女であることを理由とした拷問(ごうもん)に罰金刑と懲役刑を科すようにしたが、これまでのところ目立った成果は挙がっていない。遠回りになるが、医療体制の整備や世俗的な公教育の充実から始めるのが最善もしれない。

東欧で発見!? 相次ぐ心臓に杭を打たれた死体

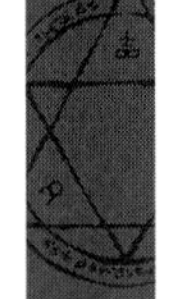

インドの魔女狩りは迷信色が強いが、迷信色といえば、東欧では特殊な状態で埋葬された骸骨が発見されるたび、吸血鬼疑惑が持ち上がっている。

「ブルガリアで〈バンパイア〉の骨が出土」

このニュースは2012年6月7日にAFP通信社が配信したもので、現場は黒海沿岸のソルボルという町。胸に鉄製の杭を打ち込まれた中世の人骨2体が発見された。同記事は「一部地域の信仰」として、「存命中に悪い行ないをした人の遺体は、埋葬前に鉄や木でできた杭を胸に突き刺さないと死後バンパイアに変身する恐れがあるとされていた」と説明を加え、発掘された人骨の状況は、「バンパイア(吸血鬼)への変身を防ぐため」と結論づけている。

同記事にはブルガリア国立歴史博物館館長のコメントが付されており、そこには、「杭を打ち込むことにより、死者が真夜中に墓から抜け出して人びとを怖がらせることができないようになると信じられていた」「20世紀初頭までブルガリアの一部の村で行なわれていた慣習」とあり、記事の末尾は「ブルガリアでは同様の人骨がこれまでに約100体出土している」と締められている。

AFP通信社は同月14日にも「ブルガリアでまた〈バンパイア〉の骨見つかる」と題する記事を配信しており、このときの発掘場所はブルガリア中部のベリコタルノボにある修道院の庭だった。人骨は数百年前に埋葬された30代男性のもので、人骨は鉄製の留め具4つで地面に固定され、墓の上に琥珀（こはく）の燃えカスが置かれていたことから、同記事では考古学者のニコライ・オフチャロフによる「異教の迷信に基づき、死後にバンパイアとして蘇ることを防ぐ儀式が行なわれたのだろう」との推測を掲載。それに加え、同氏が数年前にも同じベリコタルノボで、両手を縛られた人骨を発掘したことにも言及している。

さらに近いところでは、2022年9月11日に米ニューヨーク市に拠点を置くウェブサイト「ビジネス・インサイダー」から「ポーランドで17世紀の〈吸血鬼〉を発見……首に鎌、足には南京錠。吸血鬼退治の儀式か」と題する記事が配信された。

そこに眠る遺体は前歯が突き出ており、南京錠がかけられていたのは足の親指。同記事は発掘を指揮したニコラス・コペルニクス大学のダリウシュ・ポリンスキー教授の、「鎌は平らにではなく、死者が起き上がろうとしたら、頭を切り落とすか、首を傷つけるような置き方がなされていた」というコメントに加え、科学雑誌に掲載された「17世紀、東欧の市民は吸血鬼を恐れ、死者に吸血鬼退治の儀式を行なうようになった。〈死んだ人のなかには、血を吸うモンスターとして墓から這い出てきて、我々を恐怖に陥れる者がいる〉と信じていた」「17世紀にはこのような埋葬方法が〈吸血鬼の発生が報告されたためにポーランド全土で一般的になった〉」といった解説もあわせて紹介している。

吸血鬼の誕生を封じる呪術と見て間違いあるまい。

高級軍人の生年月日は国家機密! 耳を疑いたくなるミャンマーの黒呪術

先に紹介したインドの魔女狩りは呪術を悪用した最悪レベルの例と呼べるが、インドの東に隣接するミャンマーは敬虔(けいけん)な仏教国でありながら、上座部仏教と占星術、精霊信仰、超能力者信仰、数秘術(すうひじゅつ)、手相術、呪術などが混然一体となった黒魔術が広く信じられている。

この点については6年間にわたり毎日新聞社のヤンゴン支局長を務めた春日孝之の著作『黒

魔術がひそむ国 ミャンマー政治の舞台裏』（河出書房新社）に詳しく記されている。同書によれば、ミャンマーでは国軍の幹部がそれぞれお抱えの占い師を擁しているのは公然の秘密。国軍幹部が最も恐れているのはアウンサンスーチーでも少数民族の武装組織でもなく、プロの呪術師に黒魔術をかけられることで、それを回避するため、国軍幹部の正確な誕生日はトップシークレットとされている。

ミャンマーでは建国の功労者の1人で、国軍総参謀長だったネウィンによる独裁体制が27年間も続いたのちも、軍政が倒れることなく、1992年には国軍参謀次長のタンシュエが国家元首となった。2011年には民政移管が行なわれ、同じく国軍出身のテインセイン政権が発足。2016年には事実上のスーチー政権が誕生するが、国軍の影響力を排除することができずにいた。2020年11月の総選挙でもスーチー率いる国民民主同盟が大勝するが、国軍は選挙に不正があったとして政変を敢行。国際世論からの非難をものともせず、公然と銃口による政治を続けている。

そんな国軍の将兵も、相手が僧侶や呪術師になると、手荒なことを控える。僧侶に暴行を働けば死後の世界でツケを支払わされ、呪術師を怒らせれば、自身はもちろん家族全員、さらには子々孫々に至るまで呪いをかけられる恐れがあるからだ。

ちなみにアウンサンスーチーの生年月日である1945年6月19日は公表されているから、国軍幹部が黒魔術をかけることは可能なはず。軟禁状態にある彼女の現状が黒魔術をかけた結果なのかどうかは不明だが、国軍の彼らにも面子があるだろうから、たとえ黒魔術をかけていたとしても、正直に認めはしないだろう。

「丑の刻参り」セットが今や手軽に入手可能

憎い相手に対して呪いをかけることは、日本でも古くから行なわれていた。呪術師に頼らず、自身で行なうものとしては、五寸釘と藁人形を使用する「丑の刻参り」がよく知られている。人気アニメの『地獄少女』では、主人公の「地獄少女」こと閻魔あいに、一目連、骨女、輪入道の3人が付き従うが、この3人は「三藁」とも呼ばれ、本来の姿は色違いの藁人形。ネット上に午前ゼロ時にだけアクセス可能なウェブサイト『地獄通信』が存在し、時間ちょうどに晴らせぬ怨みを書き込むと、依頼者の前に閻魔あいが姿を現わし、契約の証である藁人形を渡してこう口にする。「人形の首にかかる赤い糸を解けば、契約は成立し、憎い相手は地獄へ流される」。ただし、「その代償として自分自身も、死後は地獄で永遠に苦しむことになる」と。

この作中の呪いは五寸釘を必要としないが、実際の丑の刻参りでは少なくとも五寸釘とそれを打ち付ける木槌（きづち）か金槌、呪う対象の髪の毛か爪、もしくは写真か名刺、個人情報を書いた紙切れなどが不可欠とされる。

昨今の通信販売では藁人形と五寸釘、金槌、軍手からなる「丑の刻参り」セットも扱われており、金額は2000円台から5000円前後と、思いのほか安い。金額の違いは藁人形が国産か中国産かによるようで、日本独自の呪いであれば、国産を選ぶのが無難かもしれない。

だが、必要最低限の道具は揃えられるとして、そこから先はハードルが一気に上がる。まずは時間で、「丑の刻参り」が有効とされるのは丑の刻というから、午前1時から3時の間。最も効果的なのは丑三つ時（うしみつどき）、すなわち午前2時から2時半の間とされる。場所は神社の御神木（ごしんぼく）が最善で、鬼門である北東向きに行なわなければならない。

同じことを同じ場所で7夜繰り返すのだが、ここで大事なのが、誰にも姿を見られてはならないこと。現場を目撃されたら効力が消え失せるとも、呪いが自分に跳ね返ってくるとも言われているから、無効化を回避するには目撃者を始末するしかなくなってしまう。

仮に誰にも見られずに済んだとしても、御神木に傷を付けたとあれば、境内や付近に設置された防犯カメラの映像がチェックされるので、すぐに足が付きかねない。人物が特定されれば、建造物侵入罪と器物損壊罪に問われる可能性がある。

さらに、呪いを事前に予告または事後に言い触らしでもすれば、脅迫罪にも問われるので、たとえ7夜の丑の刻参りを無事に終え、呪いの効果が表われたとしても、相手にも第三者にも告知するのは禁物である。

第1章 古代文明、神秘の呪術史

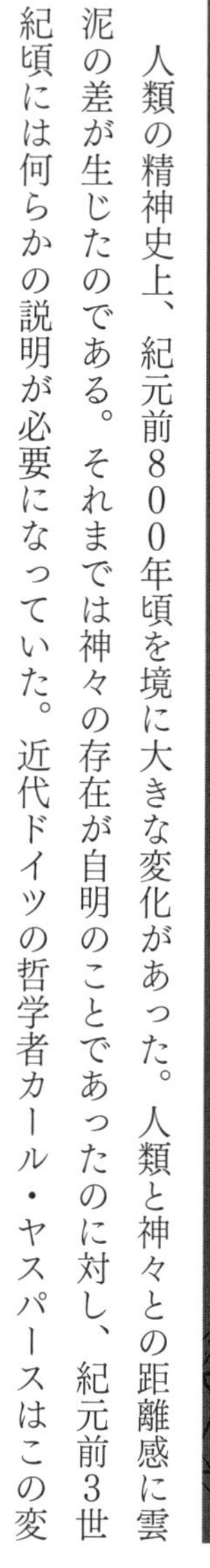

呪術は神々との交信に必要なツール

人類の精神史上、紀元前800年頃を境に大きな変化があった。人類と神々との距離感に雲泥の差が生じたのである。それまでは神々の存在が自明のことであったのに対し、紀元前3世紀頃には何らかの説明が必要になっていた。近代ドイツの哲学者カール・ヤスパースはこの変動期に「枢軸の時代」という名を与えている。

ギリシアにはソクラテスやプラトンに代表される哲学者、パレスチナには神の言葉を伝える大預言者たち、イランには大宗教家のザラシュストラ(ゾロアスター)、インドではウパニシャッド哲学をきっかけにブッダやバルダマーナ、中国には孔子や老子に代表される諸子百家の思想家たちが現われ、思想界および宗教界に一大旋風を巻き起こした。

別の言い方をするなら、「枢軸の時代」より前には彼らの出番はなかった。神々と人類の距離は近く、極端な言い方をするなら、誰もが神々と意思を通わせることが可能だった。神々との意思の疎通は文字の誕生以前から始まっていた。

人類がまだ文字を持つ前に残した記録。岩絵や洞窟壁画がそれにあたる。描かれたのは動物や人間の場合もあれば、記号・文様らしきものもある。

屋外にある岩絵は仲間や狩猟の対象を写生したか、記憶を頼りに描いたか、単なるいたずら書きとも考えられるが、日中でも自然光の届かない洞窟の奥深くに描かれた壁画は、いたずら書きとするには無理がある。

インドネシアのスラウェシ島で2019年に発見された洞窟壁画は約4万4000年前に描かれたもので、全長5メートルにわたり水牛やイノシシ、尻尾やブタの鼻のような動物の特徴を備えた小さな人間、および槍を持った複数の人物が水牛を囲む場面などが描かれていた。

ラスコー洞窟の壁画

動物が多く描かれる点はフランスのラスコー洞窟やスペインのアルタミラ洞窟もいっしょで、夜空の星座を描いたとする説もあるが、それよりもやはり、地上に生息し、狩猟の対象となりうる動物を描いたと考えるのが自然だろう。

これらの壁画に関し、イスラエル・テルアビブ大学の研究チームが2021年にユニークな説を提示した。壁画を描くに際し、描き手は幻覚を見るために、自らを酸欠状態にしたというのである。

たしかに、洞窟の奥深くであれば酸素の欠乏から、低酸素症を引き起こしやすい。明かりを火に頼る状況ならなおさらのこと。低酸素症に陥ると、息切れや頭痛、錯乱、心拍数の増加などの症状が現われ、臨死体験か体外離脱をしたような感覚がもたらされる。薬物の服用時とよく似た感覚である。

この説に従えば、なぜ洞窟の奥深くに描くのかという、従来謎とされてきた点を合理的に説明できるが、それでもまだ謎が残る。何のために描いたのかという点である。あえて幻覚状態を作り出したのであれば、呪術的な効果を期待してのことであることは間違いなかろう。

呪術を神々との交信に便利なツールとする思考は文明の誕生後も受け継がれ、ヨーロッパ各地に点在する巨石文明にもその痕跡を見ることができる。

古代社会における祭祀は呪術の一種と見てよいが、ここでは、毎年決まった日に実施されたものは祭祀として扱い、決まった日に合わせて設計された建築物は、そこで何らかの祭祀が実施されたと仮定される。

ヨーロッパではギリシア文明が開化するより前に、巨石文明が展開した。地中海の島々とヨーロッパ大陸南岸を東から西へと伝播(でんぱ)し、イベリア半島からは海岸沿いに北上すると同時に、大ブリテン島とアイルランド島へと伝播した。

ヨーロッパの北西部では、アイルランドのニューグレンジが最古に分類される古墳である。

直径80メートル、高さ12メートル、真上から見るとハート形に近い円形をしており、周囲の外壁や入り口の巨石には意味ありげな渦巻文様が刻まれている。

入口から内部へ入ると、十字型の玄室に達する。普段は明かりなしには何も見えないが、毎年の冬至前後の数日間だけ、入り口上部の穴から太陽光が差し込み、数分から十数分間だけ玄室全体が照らし出される。冬至は太陽光の量が最も少なくなる日。逆に言えば、冬至を境として昼の時間はだんだんと長くなる。自然に対して感謝の気持ちを伝えるモニュメントとして、自然のサイクルに狂いが生じないよう祈る場として、冬至を意識した建造物を建てるのは至極自然な発想と言えるのではないか。

ニューグレンジ。アイルランド東部にあり、建造はエジプトの三大ピラミッドよりも古い（著者撮影）

ストーンヘンジはアイルランド島の東に隣接する大ブリテン島の南部にあり、こちらは夏至の日の出と冬至の日の日の入りを見通せるよう設計されている。太陽光の量が最も多くなる日と最も少なくなる日である。

巨石文明の伝播ルートからは外れるが、エジプト南部に築かれたアブ・シンベル大神殿は毎年2月22日と10月22日の2回の

アブ・シンベル大神殿

ストーンヘンジ

み、朝日が入り口から60メートル内部、神殿奥の至聖所にある神々の像4体を照らし出す造りとなっている。

その4体は左から冥界の神、鷹の翼を持つ太陽神、神格化されたラムセス2世(同神殿の建造者)、創造神アメン・ラーだが、至聖所まで朝日が到達する両日は夏至・冬至・春分・秋分のいずれにも該当しないため、この両日についてはラムセス2世の誕生日と即位の日とする説、収穫の日と種まきの日とする説など、専門家の間でも意見が分かれている。

大自然の循環を司るのは神々で、人類はそれを承知していることを神々に示すと同時に、感謝の念を伝えるため、象徴的な建造物を築き、記念すべき祭祀を執り行なった。石材の豊富な地域では巨大神殿が築かれ、石という腐食しにくい素材であったがゆえに、本来の意義は忘れられながらも、後世に伝えられたのではないだろうか。

オリエント神話に登場する悪神とその力

世界の神話には必ず悪役が存在する。れっきとした悪神や悪魔の場合もあれば、暴風神やトリックスター（秩序の破壊者）の場合もあり、古代エジプトではブタやロバ、実在しない合成獣などの姿で描かれることの多いセトがそれにあたる。

セトは大地の神と天空の女神との間に生まれた。兄に地上の神オシリス、妹に豊穣の女神イシス、葬祭の女神ネフティスがいる。

セトは兄のオシリスを嫉妬することはなはだしく、ついにはオシリスを謀殺した上、身体を14の部分に解体して川に投げ捨てた。オシリスの妻となっていたイシスはそれらを集めて蘇生の術を試みるが、男根だけは魚に食べられた後で回収できなかった。そのためオシリスは復活を果たしながら、地上ではなく冥界を司る神となった。

ジャッカル（エジプトジャッカル＝オオカミ）の頭をした神セト

その後、オシリスとイシスの子ホルスとの間で長く激しい戦いが展開される。最終的に敗者となったセトは神々の法廷で追放処分を言い渡され、不毛の地である砂漠の支配者となるが、実際の信仰面ではは上エジプト（ナイル・デルタより南のエジプト）の地方神に始まりながら、信者の獲得競争で敗れたか、次第に邪悪な面が強調され、砂漠や暴風、雷鳴、不吉を人格化した破壊神、悪神と認識されるようになった。

敗れたとはいえ、ホルスと互角に渡り合ったのだから、その術と呪力は相当なもの。西方沙漠のオアシスに現存するヒビス神殿がセトを祀る神殿として唯一のものだが、そこはナイル川流域とは違って権力争いから最も縁遠い地域。善なる神々も来たがらない土地だからこそ、セトにとっては安住の地となったのかもしれない。

ホルスとセトの戦いは、本来はどちらが全国神になるかを争う地方神同士の戦いであったと考えられる。ギリシア神話でも日本神話でもそうだが、神には善悪も関係なければ、有形か無形かも関係なく、超常の力を有する存在すべてが神と呼ばれた。

ハヤブサの頭を持つ神
ホルス

ギリシア神話の最高神ゼウスと海の神ポセイドンはどちらも好色極まりなく、ゼウスは目をつけた女性をものにするためには手段を選ばず、ポセイドンはレイプの常習者。ゼウスの正妻ヘラはゼウスと肉体関係を持った女性に容赦のない迫害を重ね、処女神アルテミスは不可抗力であるにも関わらず、彼女の裸体を見た猟師をその飼い犬たちに食い殺させるなど、いずれ劣らぬ凶悪さである。

日本神話では出雲に降臨する前のスサノオノミコトの悪行が抜きん出ている。御馳走を用意してくれようとしたウケモチノカミを一方的な誤解で殺し、天上界でも聖なる田の畦道（あぜみち）を壊した上、祭祀の場を荒らして機織り（はたお）女を死なせてしまうなど、やりたい放題。あまりの傍若無人な振る舞いに、姉のアマテラスオオミカミは恥ずかしさと恐怖に駆られ、岩屋の中へ入ると、内側からきつく戸を閉めて隠れてしまった。太陽神が隠れたことで、全世界から光が失われてしまうのだから、スサノオの一連の行為はこれ以上にないレベルの悪と言ってよかった。

スサノオノミコト

エジプトとほぼ同時期に文明が開花したメソポタミアでは悪役の存在が希薄だが、その東に位置するイランでは明確な善悪二元論が誕生した。善なる光の神アフラ・マズダーの世界と暗黒の神アンラ・マンユ（アーリマン）の世界である。

アフラ・マズダー像

イランの創世神話によれば、天地開闢（かいびゃく）当初、宇宙は光の世界と暗黒の世界、および両者の中間に位置する虚空（こくう）の世界からなっていたが、やがて虚空の世界が消滅したことにより、宇宙の均衡が崩れ、光の世界と暗黒の世界の衝突が始まった。

当初は霊的な次元での争いだったのが、しだいに物質的な次元での争いに移行。共倒れになるのを避けるために協定が結ばれ、最初の3000年間、アンラ・マンユは闇の世界で眠り続けることとなった。

3000年後、眠りから覚めたアンラ・マンユは闇の世界のすべての悪魔、すべての軍勢を動員して、光の世界に攻め込んだ。そのあまりの破壊力に光の世界全体が大きく揺れ、それまで固定されていた太陽、月、星辰（せいしん）がすべて動き回るようになった。

貪欲、病気、飢餓、無気力が蔓延し、アラン・マンユに取って代わられた。光の世界は滅亡寸前に追い込まれるが、ここでそれまで事態を静観していた精霊の軍勢が介入して、闇の軍勢すべてを透明で硬質の円蓋（えんがい）で覆い、活動を停止させた。

この間に光の世界では、原初のウシの死骸から穀物と薬草、原人の精液からは特殊な植物が生じ、その植物が互いに絡まることで人間が生まれた。このように、星々の回転を例外として、あらゆる秩序が回復したところで円蓋が消滅し、戦闘が再開される。

光の世界ではゾロアスターが現われ、ゾロアスターの死後は1000年ごとに救世主が現われる。最後の救世主は処女懐胎(かいたい)で生まれると予言され、その救世主が出現したところで、すべての死者が蘇生され、最後の審判が行なわれる。善行をなした者は天国、悪行をなした者は地獄行きを宣告され、アンラ・マンユとその軍勢もすべて地獄に封印される。唯一の通路が塞がれたことで、世界は全面戦争が始まる前の平穏な情況に立ち返るというのが、イランにおける創世神話の内容である。

アンラ・マンユの術と力はアフラ・マズダーに拮抗するどころか、むしろ勝っていた。秩序が混沌、真実が虚偽に取って代わられるなど、大変示唆(しさ)に富む神話と言える。

魔女キルケの手料理を食べるとブタに

ギリシア神話には女神と魔女を分ける明確な一線が存在せず、キルケという女性に関しては、

オデュッセウスに杯を差し出すキルケ

古代ギリシアを代表する吟遊詩人のホメロスも「秘薬を使う魔女」と呼ぶときもあれば、「恐るべき女神」と呼ぶこともあるなど、状況によって使い分けている。

キルケは複数の作品に登場するが、最もインパクトのあるのはやはり『オデュッセイア』である。軍師格として参加したトロイア戦争を勝利で終え、故郷へ凱旋帰国をしようとする英雄オデュッセウスの冒険物語である。

アイアイエという島に上陸したときのこと、オデュッセウスは部下を2組に分け、1組は船に居残り、もう1組は知勇兼備のエウリュロコスに託して、島の探索に行かせた。

しばらくして、エウリュロコスただ一人が戻ってきて、部下たちを襲った悲劇について報告した。キルケという美女の屋敷の中に通され、出された特製のカクテルを飲み干したところ、飲んだ全員の体調に異変が生じ、キルケに杖で叩かれるままブタ小屋に押し込まれたときには、全員が頭も声も毛もその姿もブタのそれに変わっていたというのである。

報告を聞いたオデュッセウスは部下たちを救うべく、ただちにキルケの屋敷に向かった

太陽神ヘルメス

が、途中、彼の眼前に突如何者かが現われた。太陽神ヘルメスである。ヘルメスはオデュッセウスを不憫に思い、モーリュという薬草からできた魔法封じの秘薬をくれた上、具体的な対処法まで教えてくれた。

オデュッセウスがキルケの屋敷近くまでやってくると、果たして、屋敷の周囲にはオオカミやライオンが何匹もたむろしていたが、どれも襲いかかってくるどころか、まるで飼い犬のように人懐っこく、尾を振りながらじゃれついてきた。

キルケに導かれるまま屋敷に入り、テーブルの席につくと、やはり特製のカクテルを出された。オデュッセウスが何食わぬ顔でそれを飲み干すと、キルケは毒が効いたと信じて疑わず、杖でオデュッセウスの身体を打ちながら、「さあ、ブタ小屋へ行って、仲間といっしょに寝ていなさい」と口にした。

するとオデュッセウスは従順なブタに変身するどころか、腰に下げた剣を抜き、今にもキルケに躍りかかりそうなそぶりを見せた。これを見たキルケは驚き慌て、大声をあげながら身をかがめ、オデュッセウスの膝のあたりにすがり、泣きながら詫びを入れた。

　泣き落としでは不十分とみると、キルケはともに寝台に上がり、男女の契りを交わすことで心許し合える関係になろうと誘ってくるが、オデュッセウスはヘルメスに指示された通り、速やかな仲間の解放を条件とした。

　これを聞いたキルケはブタ小屋にいたブタたちを外へ出すと、専用の薬を一匹ずつ全身の体毛に塗り込んだ。すると長い体毛はことごとく抜け落ち、全員が人間の姿に戻ることができたが、誰もが以前よりも若々しくて背も高く、はるかに秀麗な姿となっていた。

　キルケが用いた術は魔法と呼ぶべきか呪術とすべきか迷うところだが、どちらにせよ、このような神話が生まれた背後には、女性嫌悪の感情が見え隠れする。

　キルケに限った話ではなく、ギリシア神話全体を通して言えることだが、薬草を使用するのが男性の場合は医療行為に分類されるのに対し、女性の場合は悪意のある魔術とされる傾向がある。薬草を意味する古代ギリシア語の単語には「毒薬」「呪い」「呪文」の意味

セイレーンに襲われるオデュッセウス一行

もあるが、何と訳するかは目的や効果ではなく、薬草を調合した者が男性か女性かで決まるということだ。

その時代、現実にどのような薬草が利用されていたのか。西洋で最古の医学書は、医学と呪術を厳然と切り離したことで知られるヒポクラテス（前370年頃没）のメモを編纂したとされる『ヒポクラテス集典』で、そこで取り上げられている薬剤は全部で約130種類。紀元1世紀に世界初の薬学書を著わしたディオスコリデスはその『薬物誌』のなかで約1000の薬剤（そのうち600が植物薬）を取り上げているが、『ヒポクラテス集典』がそうであったように、複合薬はわずかで、その大半は薬草を単独で使用する単味剤だった。

『薬物誌』で取り上げられた薬剤約1000種類のうち100種類は現在も使用されているが、単味剤として効果を認められているのは香味剤（清涼剤）と緩和剤（痛み止め）くらいしかない。だが、古代社会においてはそれですら貴重で、とにかく信じることで症状が改善するプラセボ効果も含めれば、薬草の処方ができる人は特別な存在だった。

特別な存在でありながら、男尊女卑が根強い社会では、薬草の知識を有する人への視線が複雑にならざるをえない。男性ならば医者として遇されるところだが、女性だと敬意の対象でありながら、何を仕出かすかわからない恐怖の対象でもあったと考えられる。これは古代に限られた話ではなく、魔女狩りのピークを迎えた近世ヨーロッパにも当てはまる話だった。

預言者エリヤとバアル神官の術競べ

読み方が同じため、日本では預言者と予言者がよく混同される。未来の物事を推測するのが予言者で、神の言葉を仲介するのが預言者である。したがって、キリスト教とユダヤ教の聖書に登場するのは預言者の方である。

キリスト教で言う『旧約聖書』に登場する預言者23人のうち、最も大きな活躍をしたのはエリヤとエリシャで、2人とも前9世紀のイスラエル北王国に現われ、王と民に正しい信仰に立ち返るよう、繰り返し訴えた。

エリヤ

ここで言う正しい信仰とは、唯一絶対の神を信じ、偶像崇拝の禁止をはじめとする「モーセの十戒」や食事規定に代表されるさまざまな戒律を守ることで、他の神を崇(あが)めること、神の像や宗教的なシンボルをつくり、信仰の

エリシャ

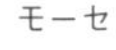
モーセ

対象にすることなどは絶対にやってはならないとされた。

しかし、現実のユダヤ人は一神教と多神教の間で大きく揺れ動き、豊穣神や医神のような特定のジャンルに強い土着の神に引かれる者も少なからずいた。前9世紀のイスラエル北王国の王アハブもその一人だった。

アハブは異教徒の王国から妃を迎えたことをきっかけとして、カナン（古代のパレスチナ）の天候神にして豊穣神のバアルや神々の女神アーシラト（アシェラ）を篤く信仰するが、それを激しく非難したのが預言者のエリヤだった。

エリヤはアハブを真の信仰に立ち返らせるため、たった一人でバアルの預言者450人、アシェラの預言者50人に勝負を挑むことにした。選ばれた場所はパレスチナ北部の地中海岸近くに聳（そび）えるカルメル山。雄牛と薪を用意した上で、それぞれ自分が信じる神の名を唱え続ける。火が付き、供物が焼けた方が勝ちという単純なルールである。

アハブと妃のイゼベルはエリヤの敗北を信じて疑わなかったが、いざやってみると、勝利したのはエリヤだった。エリヤは敗者に対して容赦なく、民衆を扇動してバアルとアシェラの預言者を一人残さず捕らえさせると、キションの渓谷に連行して、剣で全員の首を刎ねてしまった。

この話は、偽りの神の名を唱えても効果が期待できないことを描写したものだが、一つ疑問が残る。「モーセの十戒」には「神の名を妄りに唱えてはならない」とある。エリヤのやったことは罪に数えられないのか。

正解を先に言うなら、エリヤはセーフである。彼が口にしたのは、「アブラハム、イサク、ヤコブ、イスラエルの神、主よ」という呼びかけで、NGワードは巧みに避けられていた。

バアルを祀るベル神殿。シリア・パルミラにあった、この神殿はＩＳにより破壊された（著者撮影）

カルメル山で実施されたのは、多神教と一神教との対決であると同時に、呪文対決の面も有していた。預言者が偽物でない限り、その言葉には強い呪力が宿り、最終的には異教徒や不信仰な者には罰を、敬虔な信者には益をもたらす。

ユダヤ教では否定されているが、キリスト教ではナザレ出身のイエスは最後の預言者にして救世主、神の子と位置付けられており、イエスにかかれば病気の治癒や悪霊祓いには供物も儀礼も必要でなく、ただ言葉で命じさえすればよかった。『新約聖書』中の福音書によれば、重い皮膚病患者は「私は望む。清くなれ」、麻痺症状のある患者は「子よ、元気を出しなさい。あなたの罪は赦(ゆる)された」、寝たきりの患者は「あなたに言う。起きて床を担ぎ、帰りなさい」と言葉をかけられただけで癒された。目の不自由な者は言葉もなしで、ただ瞼に触れられただけで光を取り戻している。癒しの力は信者以外にも有効で、ローマ軍の百人隊長の子がにわかに麻痺症状に見舞われたとき、イエスは患者のもとへ行くまでもなく、入信を求めるわけでもなく、遠隔操作とでも言うほかないやり方で瞬時に癒してやった。

悪霊に取り憑(つ)かれた者には、「私の命令だ。この子から出ていけ。二度と入ってくるな」「汚れた霊、この人から出ていけ」「黙れ。この人から出ていけ」などいくつもパターンがあるが、一番短いところでは、「行け」と叱るだけで追い出しに成功しており、イエスの言葉に抗(あらが)える悪霊は皆無だった。

日本で言う「言霊(ことだま)」の力だが、イエスのそれは自然現象に対しても有効で、ガリラヤ湖上を激しい風が吹き荒れ、いまにも舟が転覆しそうになったとき、イエスが「黙れ、静まれ」と言って風と湖とを叱りつけたところ、たちどころに風がやみ、湖面の波も消えた。イエスの言葉はまさしく神のそれに限りなく近かったのである。

イエスの昇天後、言葉の持つ呪力は愛弟子たちに受け継がれ、『新約聖書』の「使途行伝(しとぎょうでん)」には、元漁師のペテロが生まれつき足の不自由な人に対し、「ナザレ人イエス・キリストの名によって立ち上がり、歩きなさい」と言っただけで癒した話、全身麻痺で8年前から寝たきりの患者に対し、「イエス・キリストが癒してくださる。起きなさい。自分で床を整えなさい」と言っただけで癒した話などが載せられている。

その後、キリスト教が世界宗教に成長したことから、呪術や呪力という表現は避けられているが、イエスが起こした一連の奇跡はやはり呪力の賜物と見てよいだろう。

古代ローマの内臓占い、鳥占い

古代ローマ人は最高神ユピテル、軍神マルス、門神ヤヌスのごとき、古代ギリシアに倣(なら)った神話体系を有していたが、占いに関してはギリシアのデルフォイの神託を継承しながら、イタリア半島の先住民エトルリア人のものも受け継いでいた。鳥占いと内臓占いがそれである。

狼の乳を吸うロムルスとレムスの像

ローマの建国神話によれば、ローマ人の祖とされるのは軍神マルスの血を引く双子の兄弟ロムルスとレムスで、二人が協力して新しい町を築いた際、鳥占いで名前を決めることにした。

ロムルスとレムスはそれぞれ違う丘の上に立ち、鳥が飛んで来るのを待った。するとロムルスのいる丘には12羽、レムスのいる丘には6羽の鳥が飛来。1羽目の飛来はレムスの方が少しだけ早かった。

鳥の種類はロムルスの方がハゲタカだったのに対し、レムスの方はどこにでもいる普通の鳥。ロムルスとレムスの従者は互いに自分たちの勝利と主張して譲らず、ついには乱闘となり、不幸にもレムスが命を落としたことで、町の名はロムルスに因(ちな)み、ローマと定められた。

この神話では占いの判定基準が明示されておらず、諸々の文献や石碑を見ても、鳥の数、飛来した場所、飛びかた、鳴き声、餌の食べかたなどいろいろあり、どうやら判断基準は、飛来前か後かは不明ながら、アウグル（卜占官(ぼくせんかん)）という公式の占い師がその都度、提示していたらしい。後出しはおかしいと思われるかもしれないが、これは現在の占いでもよくあること。

あらかじめ判断基準を提示したのでは、プロの占い師の出る幕がなくなってしまうからである。鳥占いの歴史は古いが、2つのうち1つを選ぶのが基本なので、カバーできる範囲が狭すぎた。そのため二者択一では済まないときは内臓占いが行なわれた。

内臓占いで用いられたのは肝臓が基本だが、時と場合により肺臓や心臓が用いられた例もある。見立ての方法は非常に複雑で、長期に及ぶ学習と修行が必要とされた。

ローマはエトルリア人を支配下に置いて以降、エトルリア人の臓卜師（動物の内臓を使う占い）を積極的に雇い、戦争において実績を重ねるのを見て、「60人臓卜師団」を組織。政策や作戦の策定に関しての提言を職務とさせた。

臓卜師が臓卜の習得のために使用していた、ピアチェンツァの肝臓

帝政時代には「60人臓卜師団」の他に、「皇帝の臓卜師」「都市の臓卜師」「軍団の臓卜師」なども設け、内臓占いに頼る部分が増えていくが、キリスト教から見れば異教の儀礼か魔術の類のため、4世紀末にキリスト教が国教化されて以降、鳥占いとともに、徐々に消し去られていった。

先に上げた鳥占いは、あらかじめ判断基準を提示した上で二者択一の答えを求めるという点で、日本神話における誓約とよく似ている。

スサノオノミコトが天上界にやって来たとき、姉のアマテラスオオミカミは大いに警戒した。スサノオは生まれながらに荒々しく残忍な性格。天上界を乗っ取りに来たのではないかと疑ったのである。

そこでスサノオが提示したのが誓約の実施だった。お互いの宝物を交換して子供を生み、自分の生む子供が男子ならば潔白、女子なら邪心ありと見なしてよいとの申し出であり、アマテラスは受けて立つことにした。

これだけを見れば、2神の実施した誓約は呪術を用いた神聖裁判の一種で、その結果には一点の曇りもないはずだが、日本神話にはひねくれた部分が多く、誓約で潔白が証明されたはずのスサノオはこのあと暴走して、全世界に大混乱をもたらす。その結果、さまざまな捧げ物の供出に加え、髪の毛を抜き、手足の爪を剥がす罰を科せられた上で追放処分を受けているのだから、誓約の判定結果に疑問符の残る展開と言える。

ともあれ、日本神話ではアマテラスとスサノオが行なった誓約が先例となり、その後も身の潔白を証明する手段として誓約が実施された。地上に遣わしたアメワカヒコが裏切ったかどうかを確認する話と、コノハナサクヤヒメが燃え盛る炎の中での出産を選んだ話がそれである。

スサノオの追放からしばらく後のこと、天上界の神々は地上の様子を探らせるため使者を派遣したが、帰還もしなければ報告も寄こさない。第二の使者も同じだったので、アメワカヒコという神を第三の使者として遣わした。

しかし、使者たちはみな地上の神々と結託して安楽な生活を楽しんでいた。偵察要員からの報告をにわかには信じられず、タカミムスヒノミコトという天界の最高神は誓約を実施することにした。「アメワカヒコが本当に裏切ったのであれば、この矢よ当たれ」と言って矢を放ったところ、その矢はアメワカヒコの胸板を貫き、一瞬でその命を奪った。何とも恐ろしい誓約である。

盟神探湯（くかだち）。熱湯の中に手を入れさせ、正しい者は火傷せず、罪のある者は大火傷を負うとされる

コノハナサクヤヒメは地上の山河を司るオオヤマツミノカミの娘である。彼女は夫であるニニギノミコト（アマテラスの孫）に妊娠したことを告げるが、ニニギノミコトは「一晩で孕（はら）ませられようか」と、疑問を突きつけた。恥ずかしさと悔しさに塗（まみ）れた彼女は身の潔白を証明するため、火中出産を選択。無事に3子を出産した。この神話が成立した頃には、誓約の重みは危険度が高いほど上がったと推測され、のちに

占いの一様式として生まれる盟神探湯（古代日本の呪術的裁判）との間に相通じる部分も感じられる。

驚きのインド神話。修行を極めた人間は神を調伏できる！

人間がどんなに修行を積んだところで、神に敵うはずはない。こんなことは世界の常識と思いきや、実は違った。インド神話では修行を極めた聖仙の呪力が神をも上まわることがよくあるのだ。古代インドの叙事詩『マハーバーラタ』を例に取ろう。

象に乗るインドラ

神々の長インドラは悪魔ブリトラと戦いながら、聖仙（仙人）のダディーチャがさらなる高みに上がるのを恐れていた。そのため天女アランブサーを遣わし、ダディーチャを誘惑させた。目の前で妖艶な歌や踊りを見せられては、さすがのダディーチャも平常心を保てず、思わず射精して、修行の成果を台無しにしてしまった。

その後、インドラはブリトラを殺すことには成功したが、生き残った悪魔らは海中に逃げ込み、そこから奇襲に打って出ては苦行者ばかりを狙い撃ちにした。

祭祀の主宰者がいなくなれば世界は滅ぶ。神々は相談の上、ヴィシュヌ神に助けを求めると、ヴィシュヌ神はその足で聖仙アガスティアのもとへ出向き、出馬を請うた。

悪魔から隠れ家を奪うには海水を一度干上がらせる必要があり、それができるのはアガスティアだけだったからである。その方法は海水を飲み干すという至極単純なもの。アガスティアが難なくそれをやり遂げると、隠れ家を失った悪魔たちは次々と殺され、わずかに生き残った者は大地を裂き、地底界へ逃げ込んだ。

偉大な聖仙の力はこれに留まらず、神に呪いをかけることもできた。神々の長インドラがガウタマ聖仙の妻アハリヤーに欲情を抱き、密通に及んだとき、ガウタマはインドラに呪いをかけ、その睾丸（こうがん）を奪ってしまった。インドラは祖霊たちの力でヒツジの睾丸を移植してもらったが、完全に神力を失い、身を守る手段が皆無になったことから、仇敵に見つからぬよう隠れて暮らさねばならなかった。

ガウタマだけでなく、ヴィシュヴァーミトラという聖仙もまたインドラを上まわる呪力の持ち主で、トリシャンクという明君が生きたまま天界に赴きたいと願いながら、どの聖仙、どの神からも拒絶され、逆にチャンダーラという不可触民にされてしまったとき、ヴィシュヴァーミトラはトリシャンクへの同情の念と神々への怒りの感情から、トリシャンクの昇天を助けると同時に、南方に新たな星座を創造。さらに新たなインドラをも創造して、従前の神々すべてを消滅させようとした。

ヴィシュヴァーミトラ

神の顔ぶれを総入れ替えする。ヴィシュヴァーミトラが本当にやりかねないのを見て、神々も譲歩するしかなくなり、彼らのいる天界より下にトリシャンク専用の天界を設け、トリシャンクが留まるときは頭を下にするという条件で和解した。

ただし、これには後日譚がある。今でさえ厄介な相手なのに、ヴィシュヴァーミトラはさらに苦行を続けている。危機感を募らせた神々は天女メーナカーを送り込むことにした。ダディーチャを誘惑させたときと同じやり方である。果たしてヴィシュヴァーミトラはメーナカーの魅力に負けて十年間も同棲生活を送る。その間に苦行の成果は消え失せ、もはや神々にとって脅威ではなくなったという。

インド最古の文献で、バラモン教の聖典でもある『リグ・ベーダ』は神々への賛歌からなり、同書所収の賛歌のうち実に4分の1がインドラに対するもの。元来は雷霆神というからギリシア神話のゼウス、ゲルマン神話のトールにあたり、母親の脇腹から生まれたとする伝承は仏教の開祖であるブッダと重なる。

インドラは、前1500年から前900年の間に成立したとされる『リグ・ベーダ』では無敵のごとく描かれているが、紀元4世紀に現在の形になったとされる『マハーバーラタ』では、神々の王でありながら悪魔相手に苦戦し、修行を積んだ聖仙を前には形無しという、なんとも情けない有様となっている。

インドラの実力はなぜ大きく下落したのか。最も考えられる可能性は祭祀を司るバラモンによる作為である。

インド神話では司祭層からなるバラモンを頂点に、王族・武士層からなるクシャトリア、平民層のヴァイシャ、従僕層のシュードラと続く四姓制度を不可変の原則とするが、現実は必ずしもそうでなかった。

戦争を担う性質上、クシャトリアの間ではインドラに対する信仰が一段と強く、インドラはクシャトリアの象徴とも言えたが、バラモンからしたら格下の存在を敬わねばならない状況は面白くない。そこで仏教やジャイナ教など新興宗教に対する反抗を進める過程で、同じように

インド三大神、左から破壊の神シヴァ維持・救済の神ヴィシュヌ、創造の神ブラフマー

長い時間をかけ、修行を積めば神々をも超越できる、インドラをも例外としないとする方向に信者たちを誘導した。状況証拠からすると、おそらくこれが正解だろう。

バラモンの作為はこれに留まらず、創造の神ブラフマーと維持・救済の神ヴィシュヌ、破壊の神シヴァがインドの三大神として扱われるようになった頃、インドラは秩序の神ヴァルナや契約の神ミトラなどともども、主要な神々の列から外されていた。現在のインドにおいて修行者が敬意をもって遇されるのも、修行者がインドラをも屈服させる一連の神話の影響が大きい。

饕餮から四神へ。受け継がれる墓所の護り

日本の鬼瓦（おにがわら）もそうだが、魔除けには魔物をもビビらせる恐怖感が必須。古代中国の青銅器に表わされた饕餮文（とうてつもん）などはその最たる例と言える。

饕餮文瓿（とうてつもんほう）

饕餮文とは饕餮をモチーフにした文様のこと。青銅器に饕餮文が多用されたのは殷・周の時代で、「饕」には財貨を貪る、「餮」には飲食を貪るとの意味があり、饕餮は悪霊でも何でも飲み込む怪物である。神話伝説上の聖帝である舜は、饕餮を含めた4匹の怪物を地上の果てに追放し、その地の悪霊たちが悪をなすのを防がせたと伝えられる。

饕餮の姿形は大きな口、肉食獣そのものの牙、らんらんと見開かれた両眼、巨大な双角を持つ獣面を中心に左右対称の胴体を基本とするが、鼻の両側にまで広がる口に長く鋭い牙を生やしたバージョンもあれば、細長い胴体に足、尾、羽根をつけたもの、胴体のないものなど変化に富んでいる。

部位別に見れば、角がウシやヒツジに近いものもあれば、トラや伝説上の龍を思わせるものもあり、耳も人間に近いものもあれば、ゾウかトラに似たものも。爪はトラや猛禽類を思わせる鋭さで、全体として見るなら、一つの動物の姿を原型にしたのではなく、実在の動物と空想上の動物の合成なのは明らかである。

饕餮に関しては長江下流域の良渚文化に見られる神人獣面文を祖型とする説があり、その神人獣面文は太陽神をデザイン化したものと推測されている。元来は比較的単純だったデザインが黄河下流域を経て、黄河中流域に伝えられる過程で大きく変化を来し、およそ太陽神らしからぬ外観に変じたというのである。

変わったのは外観だけでなく、太陽神としての役目は完全に捨て去られ、魔除けへと変化した。それに伴い、外見も魔除けに相応しいものへと変じた。実在の動物では力に限界があるが、空想上の動物の要素を兼ねた合成獣であれば、その力は無限となり、悪霊をも調伏させる聖獣、邪気を退ける守護神として最適だった。

青銅器は祭祀や墓室の副葬品に使われることが多く、祭祀の場合、そのなかには神への供え物が入れられるのだから、汚されることがないよう、守り抜かなければならない。生きた人間が相手なら衛兵でも務まるが、悪霊を相手にするにはそれに対抗できる呪力の持ち主でなければならず、青銅器に刻まれた饕餮こそまさに適任だった。墓室の副葬品を守る役目にしても同様で、生きた人間では務まらないからこそ、その守護が饕餮に託されたのだった。

時代はぐんと下り、漢代になると、墓室の入り口付近には鎮墓獣、玄室の壁には東に青龍、西に白虎、北に玄武、南に朱雀の四神が配され、死者を守護する役割は饕餮からこれらに移行

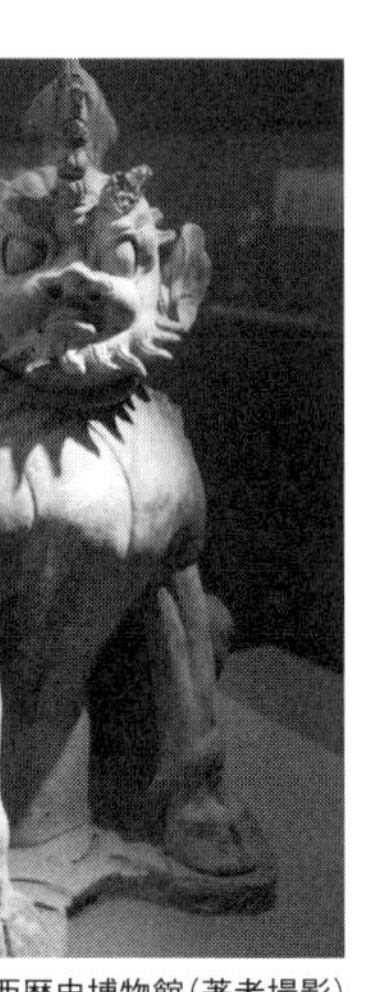
鎮墓獣。中国・陝西歴史博物館（著者撮影）

した。

鎮墓獣は文字通りの代物で、狛犬（こまいぬ）の中国バージョンと思ってもらえればよい。それに対して四神は奈良の高松塚古墳などにも見られるから、日本人にとっても馴染みのある葬送文化である。

現在で言う風水は漢代には堪輿（かんよ）と呼ばれたが、中身はほぼいっしょで、背後に高い山（玄武）が控え、前方に河川や湖沼など水の溜まり場（朱雀）を配し、左右を丘陵や低い山（青龍・白虎）で囲まれた土地に先祖の墓を設ければ、その一族の繁栄は間違いなしと考えられた。すべての条件を兼ね備える場所が見つからなかった場合、玄室に「四神相応図（ししんそうおうず）」を描くことで、その不足を補った。条件が揃っている場合でもダメ押しの意味から、「四神相応図」が描かれることがあり、その文化は朝鮮半島を経て日本にまで伝えられ、現在も中国遼寧（りょうねい）省や北朝鮮に残る高句麗（こうくり）遺跡、奈良の高松塚古墳、キトラ古墳などでその現物を目にすることができる。

祖先の墓を重要視するのは、祖霊の加護に大きな期待が寄せられたからで、祭祀を絶やさなければ、祖霊の加護は末代にまで及ぶと考えられた。

京都の四神相応（イラスト Kinako）

祖霊の祭祀を主宰できるのは嫡系の男子のみとされていたから、由緒ある名家ほど男子の途絶えることを恐れ、一夫多妻による多産を奨励した。

妻や妾の懐妊を願い、いざ懐妊をしたなら今度は安産と男児の誕生を、男児が誕生したなら健やかな成長を願うというように、古代中国における人の一生は、呪術と切っても切れないレベルの深くて密接な関係にあった。

神の意思を知りたければ亀甲に問え！

明らかな物証のある限りでは、殷は中国最古の王朝で、これを祭儀国家と位置づける研究者もいる。その理由は、祖先祭祀と犠牲祭祀を大変重んじたことに求められる。

犠牲祭祀とは家畜や人間の犠牲を必須とする祭儀のこと。殷王朝の遺跡と言えば、河南省安

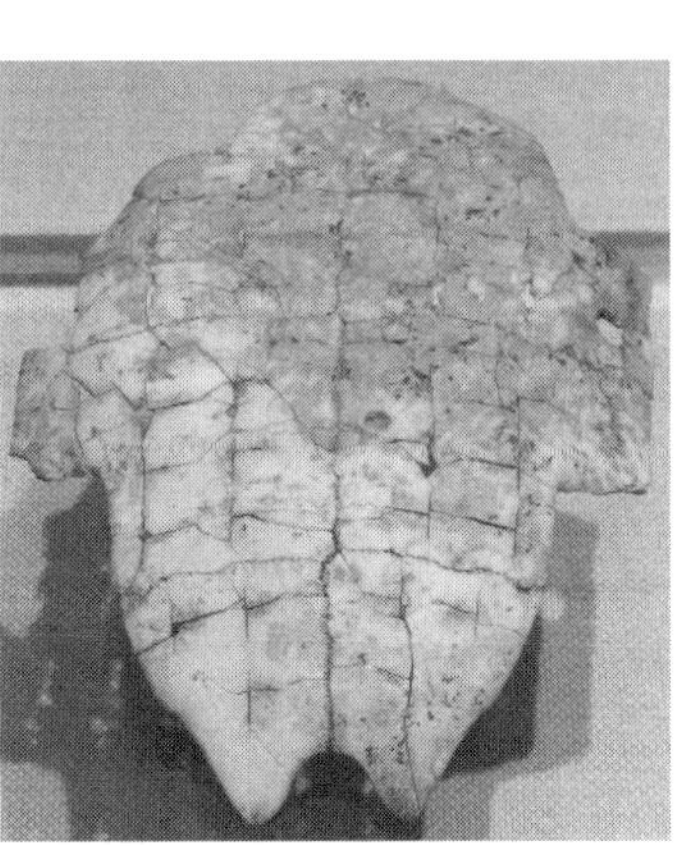

殷墟で出土された卜甲。亀卜（きぼく）は、カメの甲羅を使う卜占（占い）の一種。カメの甲羅に熱を加えて、生じたヒビの形状を見て占う。甲卜（こうぼく）ともいう

陽市の殷墟の規模がずば抜けており、ここからは殷末期の王11人のものと思しき陵墓が確認されているが、そのなかの1001号大墓と命名された墓からは殉葬者2体と首を切り落とされた人骨59体が発見されており、後者はこの王の埋葬にあたり殺されたとみて間違いない。

ただ殺すのではなく、あえて頭を切断したのには何かしら呪術的な意味があるはずで、殷墟全体で確認済みの墓坑1221基のうち、実に590基が人間犠牲坑で、首を切り落とされたものだけでなく、なかには手足のない人骨も確認されている。ちなみにその他の墓坑は陪葬墓131基、ウマ犠牲坑20基、ゾウ犠牲坑2基からなり、インドゾウの生息域が殷の勢力圏の南限である淮河の流域、ことによると黄河の流域近くまで及んでいた可能性が垣間見える。

王を手厚く葬るのは、死の瞬間から祖霊の仲間入りを果たしたと考えられたからで、すべては祖霊の加護を期待してのこと。その意味では、犠牲祭祀は祖先祭祀の一部と見てよいかもしれない。

このように殷の王族は祖霊を非常に尊びながら、それを超越した至上神をも崇めていた。至上と言うからには絶対の存在で、人間が祭祀をしようがしまいが何ら影響されることなく、人間にできるのは卜占を通して、その意志を確認するだけと考えられた。この卜占に利用されたのが亀甲獣骨と漢字の源流となった甲骨文字だった。

世界に現存する文字の源流をさかのぼっていくと、メソポタミアの楔形文字か中国の甲骨文字のどちらかに行きあたる。

甲骨文字は漢字、ひらがな、カタカナなどの源流であり、甲骨は亀甲獣骨の省略形。亀の甲羅や家畜の肩甲骨を用いた占いに付随して生まれた文字である。

甲骨文字は、古代中国の遺跡から出土する甲骨（亀の甲羅や牛の肩甲骨など）に刻みつけられた文字

占いの手順は一見単純で、まずは亀甲獣骨に熱を加え、ひび割れを生じさせる。専門の占い師がそこから神の意思を読み取り、ひび割れが生じたのと同じ面に解読した内容を記すのだが、専門の占い師になるのは容易でなく、相当の学習と修行が必要とされた。

神の意思と言うが、ここで言う神こそ造物主たる至上神で、のちには天帝、上帝とも呼ばれた。卜占とは天帝の代理人として地上を治める王が必要に応じて行なう、天帝への問い合わせである。

国王の命令で行なわれただけに、卜占の対象は祭祀、軍事行動、収穫、狩猟、天候、出入、災厄の有無など、国家や王の身に関わることに限られた。

余談ながら、「呪」という漢字は「口」偏と音を表わす「祝」の省略形からなり、全体では「神に祈る」という意味。至上神が祈りを受け付けないのであれば、少なくとも殷の時代には、祈りの対象は祖霊に限られたはずである。

殷が亡び、周王朝の時代になると、天帝にも祭祀や祈りが有効と考えられるようになった。亀甲獣骨による卜占も受け継がれ、尊重もされたが、しだいに儀礼化が進むのは避けられなかった。

時代は下り、秦・漢の時代に亀甲占いを専門とする役人は太卜（たいぼく）と呼ばれた。それが直接か朝鮮半島を経由してか、日本には弥生時代に伝来した。いわゆる「魏志倭人伝（ぎしわじんでん）」にも、「その地の風習として、何か事を起こしたり旅行をするなど、特別なことをする時には、必ず骨を焼いて卜し、吉凶を占う。亀卜に先立って占う内容を告げるが、その時の言葉は中国の命亀（占いの内容を亀甲に告げる）の法と同じで、焼いてできた割れ目を見て吉凶を判断する」と記されている。

日本では亀卜太占(きぼくふとまに)、または単に太占という呼び名が定着して、8世紀に成立した『古事記』にも、子作りで失敗を重ねたイザナギとイザナミがいったん天上界に戻り、意見を求めた際、天つ神一同は太占を行ない、そこで生じたひび割れに従い、イザナギとイザナミに助言を与えたとある。

大和政権は中央官制を整えるにあたり、太占の術者を朝廷の祭祀を司る神祇官(じんぎかん)の管轄下に置き、卜部(うらべ)の肩書を与えた。平安時代の10世紀には、不可思議な現象が起きたとき、卜部と陰陽師が紫宸殿(ししんでん)東の軒廊に呼び出され、陰陽師は式盤(しきばん)、卜部は亀甲を用いて、怪異の原因とそれが何の予兆なのかを占う流れが定着していた。

陰陽師は中央官庁のなかで最も重要な中務省(なかつかさしょう)の管下に置かれ、太占を除く占いすべてを職掌とした。太占だけは特別扱いだったのである。

『エクソシスト』（1973）に始まるオカルト映画ブーム

オカルト映画はホラー映画のなかの一ジャンル。ホラー映画のなかでも、怪奇現象や怨霊、悪魔などの超自然現象を題材とした作品がオカルト映画と呼ばれるようで、恐怖の主が生身の人間であれば、オカルト映画にカウントされない。

そのオカルト映画の金字塔と呼ばれているのが、1973年の制作で、日本ではその翌年に公開されたアメリカ映画『エクソシスト』である。当時の日本には、「エクソシスト」という言葉の意味を知る人がほとんどいなかったにも関わらず、「悪魔祓い」「祓魔師」などの日本語訳を避け、そのままのタイトルで勝負に出たのは正解だった。

聞き慣れない言葉だからこそ、印象操作もしやすい。聞き慣れていない言葉であっても、日本にも狐憑きという俗信があったから、それぞれ事情を抱えた2人の神父が少女に憑依した悪魔と戦う作品と聞かされただけで、イメージを描きやすかった。

日本での公開までに約半年の間隔があったから、宣伝に費やせる時間としては十分すぎた。少女の身辺で起こる怪奇現象の数々、空中に浮かぶ少女の身体、醜く変貌する少女の形相と声。小出しの予告映像に加え、「衝撃の実話」「関係者が次々と死亡」「原因不明の火災でセットが

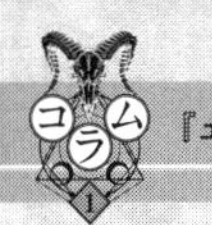

焼失」「観客に失神者続出」といった宣伝文句、制作秘話、アメリカ国内での反響などショッキングな報道が波状的になされたことで期待感も膨れ上がった。

いざ日本での公開が開始されると、作品の出来も上々だったことから、大ヒットを記録しただけでなく、オカルト映画というジャンルそのものに大きな可能性のあることが証明された。

日本では『エクソシスト』より2カ月近く遅れて公開された米英合作映画『ヘルハウス』は、米英では『エクソシスト』より半年前に公開されているから、いわゆる便乗ものではない。悪魔ではなく、古い屋敷で起こる心霊現象がテーマだったから、内容的に被ることもなく、オカルト映画が秘める可能性を世に示す作品となった。

1976年には『家』『オーメン』など、明らかに『エクソシスト』と『ヘルハウス』のヒットを意識した作品が続々と公開された。このうち『家』は『ヘルハウス』と同じく一つの建物を舞台としているが、『オーメン』は頭に「666」の痣を持つ悪魔の子ダミアンを巡るバッドエンド作品。「6月6日6時、2人の子が生まれ、1人が死んだ」で始まる宣伝文句は、当時の子供たちの間で大流行をし、映画自体も大ヒットを記録した。

時期が悪かったと言うべき、1977年7月には日本映画の『HOUSE　ハウス』(監督は大林宣彦!)が劇場公開された。タイトルからして、『ヘルハウス』や『家』を連想させ、同じくホラー映画というので、公開当時はパクリと評されることも多かったが、清純派で売り出していた池上季実子（当時18）が入浴シーンで大胆なヌードを披露し、トップアイドルの大場久美子（当時17）も出演するとあって、同作は洋画全盛の映画界に楔を打ち込みがごとき大健闘を見せ、観客動員の面でも成功を収めた。

第2章
中国・アジア、驚愕の呪術史

本当にあった！　不老不死を巡る狂騒曲

不老不死の追及はユーラシア大陸の東西で行なわれ、西洋では錬金術でそれを叶えようとする試みや占星術が、17世紀までは科学の範疇と捉えられていた。

東アジアの中国でも不老不死への願望は君主たちの間で強く、なかでも突出していたのが秦の始皇帝と漢の武帝である。

始皇帝の不老不死に対する執着は、天下統一後に実施した東方巡幸に端を発する。大海に接する斉と燕の故地は方術の本場で、始皇帝は斉人の徐福から、東の海上に仙人が隠れ住む3つの島があると言われれば、必要な資金と船、人員を提供してやり、燕人の盧生から、仙人に会うには体内に溜まった悪鬼を除去する必要があり、そのためには臣下に隠れて行動しなければならないと言われれば、側近の宦官以外には居場所を知られないようにするなど、不老不死の術を体得しているはずの仙人に会うためなら、どれほどの出費や手間も厭わなかった。

徐福の出航。河北省塩山県にある千童祠(著者撮影)

自分の居場所を漏らした者は誰であろうとも死罪に処す。始皇帝の発したこの命令は戯れ言でなかった。ある日のこと、山上から丞相の外出の列を眺めやった始皇帝が不機嫌になった。お供の車や騎馬の数が分不相応に多いと感じたからだが、数日後、丞相のお供の数は大きく減っていた。丞相に口添えをした者がいるのは明らかだが、問いただしても名乗り出る者がいない。すると始皇帝は先般付き従っていた宦官全員を殺してしまった。不老不死への思いが半端でないことを、はっきりと示したのである。

始皇帝と言えば焚書坑儒も有名だが、「焚書」はともかく、後ろの「坑儒」は不老不死の探求と大いに関係した。前漢の武帝に史官（記録係）として仕えた司馬遷は名著『史記』を残してくれたが、そのなかの「始皇本紀」には、始皇帝が「坑儒」の命令を出す前に発した怒りの言葉が書き記されている。事の発端は方士の盧生と侯生が逃げ出したことにあった。

始皇帝

報告を聞いた始皇帝は、方士たちが莫大な経費を用いながら、何の成果も挙げていないことへの不平不満を並べた上で、都である咸陽にいる諸生（学者）のなかに妖言を流布させ、民を惑わしている者があるとして、所管の役所に捜査と検挙を命じた。検挙された者が互いに罪をなすりつけ合い、自分だけ言い逃れしようとしていると聞いて、始皇帝は禁令を犯した者４６０余人を穴埋めにした。現存する限りでは、この事件を「坑儒」と記すのは14世紀に編纂された歴史書『十八史略』が最初で、本来の出典はわかっていない。

一見して明らかなように、始皇帝の怒りの矛先は方士たちに向けられていたはずだが、なぜか途中から対象が「諸生」に変わった。別の個所に「儒生（儒学者）」という言葉が出てくるから、「諸生」は儒学者や方士など、知識や特殊能力をもって仕える学者全体を指す言葉かもしれないが、本題から大きく離れるため、本書ではこれ以上の追究はやめておく。

方士に対してはもちろん、実は始皇帝の「儒生」に対する不信感には伏線があった。同じく『史記』の「封禅書」には、封禅の実行を思い立った始皇帝が、斉魯（現・山東省）の儒生と博士70人を従え、泰山の麓までやって来たときの話が見える。封禅の具体的な内容や式次第に関して、各人それぞれの見解を述べ立てるばかりで、結論が出なかった。待ちきれなくなった始皇帝は彼らを残して泰山に登り、思うままのやり方と手順で封禅の儀を執り行なうが、途中で暴風雨に見舞われ、大樹の下で雨宿りをする一幕もあった。肝心の儀式に参加できなかった儒生と博士は暴風雨の件を聞くと、「それ見たことか」と、始皇帝のことを陰で謗ったという。

始皇帝の敷いた監視網がこれを聞き漏らすとは思えず、始皇帝は儒生と博士たちの言動を根に持っていたはずだ。封禅の本当の目的が不老不死の獲得にあったのならなおさら、処断の機会をうかがっていたと見てよい。

方士たちの逃亡を理由に始皇帝を嘲る者たちがいる。下から報告が上がってきたので詳しく調べさせたところ、儒生を含めた諸生460余人については証拠が挙がったため、自身の不老不死願望に冷水を浴びせる者が二度と現われぬよう、見せしめとして断固たる処置に出たのではなかろうか。

漢王朝は始皇帝に対する不満を糧に成立した王朝だから、7代目の武帝も始皇帝の負の面を完全否定しなければならない立場のはずが、こと方術と不老不死の探求に関する限り、武帝は始皇帝のやり方をほぼ踏襲した。始皇帝の封禅に何かしら間違いがあったと考える武帝は、儒生を集めて議論をさせるが、始皇帝が主宰したときと同じく、各人が自説を力説するのみで、やはり結論が出ない。そのため武帝もまた始皇帝と同じく、しばらくは儒生を退け、方士の言うことにばかり耳を傾けた。

武帝が重用した方士には斉人が多く、宮廷まで売り込みにくる斉人が後を絶たなかったが、期待外れが重なるに及び、武帝は新たに征服した越の地の巫者を重用するようになった。当時

始皇帝が封禅を行なったといわれる泰山

の越は現在の浙江省南部からベトナム北部一帯にあたり、住民はベトナム系であったはず。北方の巫者とはまた違った呪術を用いたはずだが、それでも武帝は不老不死を得ることができずに終わった。

時代は少し飛んで唐王朝の時代になると、不老不死の探求はもっぱら薬物に頼るようになった。金丹または丹薬、仙薬とも呼ばれたが、硫黄や水銀を含んでいたから、常用すれば身体に悪影響が出ないはずはなく、唐の皇帝20人のうち実に6人が薬物中毒で命を落としたと伝えられる。

前漢の最盛期を揺るがした巫蠱の乱

漢の武帝は不老不死を求めただけではなく、即位当初から鬼神の祀りを大事にした。鬼神とは、人間の耳目では捉えられない霊的または超越的存在を指す。

司馬遷は『史記』の「孝武本紀」において、武帝が方術にのめり込むあまり、何をしてきたかを事細かに記す。武帝を始皇帝の再来として糾弾するかのように。

版図がほぼ倍増した武帝の時代は前漢の全盛期と呼ばれもするが、一見華やかに見える時代だからこそ、闇の部分がよけいに目立つ。その闇を形成していたのが巫蠱という呪詛の一種だった。

巫蠱の「巫」の字については、「巫女（ふじょ）」という言葉があるように、日本では女性の呪術者を指す言葉として用いられるが、元来は男女に関係なく、呪術師全体を指す言葉として用いられた。それに対して「蠱」の字は「皿」の上に「虫」の字が3つ。漢和辞典の『角川新字源』は、②「人の腹の中の虫」、③「人に害を与えるもの。そこなう」、⑦「みこ。まじない。まじないに用いる虫」など8つの意味を載せ、⑦の用例として「巫蠱」を挙げている。

蠱毒（イラスト Kinako）

同じ項目に「蠱毒」の語があり、これには以下の説明がつく。

「多くの虫を一つの器の中で飼って共食いさせ、生き残った虫を用いてまじないで人に害をあたえること。

具体的方法は不明であるが、最重罪の一つ。(唐律)」

何とも恐ろしい呪術である。「巫蠱」は巫者による「蠱毒」と理解してよさそうだが、ここに「具体的方法は不明」とあるのは、虫に共食いをさせるのは第一段階で、第二段階として土や木で作った人形「偶人（ぐうじん）」を埋める行為があり、生き残った虫をどうするのか、虫と偶人がどうつながるのかについて、きちんと説明する記録が皆無なことに拠（よ）る。

また、「唐律」とは唐代の刑法で、最重罪とは極刑、すなわち死刑のこと。これは唐代に限った話ではなく、前漢の時代も巫蠱は禁止対象で、呪詛の対象が皇族かそれに准じる人物であれば、依頼者と施術者はどちらも死刑が通例だった。

陳皇后

巫蠱の事件は前漢の時代を通じて何度も摘発されているが、武帝時代は特に多く、武帝自身二度、事件を身近で体験している。

一度目は即位から12年目の前130年のこと。事の発端は、陳（ちん）皇后が巫蠱の術を使い、武帝を呪詛しているとの噂にあった。武帝の寵愛が歌姫出身の衛子夫（えいしふ）に移ってからというもの、陳皇后の嫉妬は凄まじく、宮廷では知らない者のないほどだったため、呪詛の噂はまことしやかに広まっていた。

ただちに捜査が行なわれ、女性巫者の楚服とその一味３００余人が検挙された。捜査を担当した張湯は酷官として名の聞こえた男。物証は皆無でも自白を引き出すなどお手のもので、楚服をはじめ検挙者全員が処刑された。本来であれば、陳皇后も連座を免れないところだが、武帝には皇后の母に大きな借りがあったことから、皇后の印綬の返上と離宮への謹慎処分だけで済まされた。

二度目の事件が起きたのは陳皇后の失脚から40年後の前91年。事もあろうに、嫌疑をかけられたのは皇太子の劉拠だった。

事の発端は武帝の体調不良にあった。66歳という年齢を考慮すれば、いつどんな病に見舞われてもおかしくなかったが、当時の武帝には冷静な判断力などなく、何者かによる呪詛のせいではないかと疑った。

時に宰相父子が巫蠱を行なったとして粛清されてから日が浅く、武帝のそばにはこの機会を利用して、自分に強い恨みを抱く皇太子の失脚を目論む江充という奸臣がいた。

体調不良の原因は巫蠱の呪詛によるものだという。江充の言葉を信じて、武帝は江充に捜査を一任した。

歴史書の『漢書』は江充の悪辣ぶりの詳細に記す。それによれば、江充は胡（異民族）の巫者を従え、あちこちに偶人を埋めた。酒をかけることで、呪詛の儀式を行なったように見せかける周到ぶりである。後日、容疑者を逮捕したら、この巫者に偶人を見つけさせ、物証とする。それでも否認を続ければ、熱した鉄を使った拷問で強引に罪を認めさせる。やけくそになって誰かを誣告してくれればしめたもの。わずか数カ月の間に、巫蠱の罪で命を落とした者の数は数万人に及んだ。

やがて江充の捜査の対象は後宮にも及び、皇后の宮殿の庭さえも掘り返された。武帝から最も寵愛されていた夫人を例外として、すべての妃の住まいが同じ目に合わされ、それがすべて終わったところで、矛先は皇太子の宮殿に向いた。

果たして、皇太子の宮殿からは桐の木で作られた偶人が出てきた。皇太子は江充の仕業と察するが、それを立証する術が思い至らなかったため、江充を捕らえて殺害した後、一か八かの挙兵に踏み切った。

挙兵から5日後、形勢不利と見た皇太子は行方をくらますが、20数日後には潜伏先を突き止められた。もはやこれまでと観念した皇太子は縄目の辱めを受けるよりはと、自ら縊死する道を選んだ。

皇太子の生母は衛皇后（衛子夫）で、武帝と半生をともにした彼女でも謀反とあっては連座を免れず、皇后の印綬を返還したに留まらず、勅使に促されるまま、自ら命を絶つ以外の選択は残されていなかった。

それからまもなく、皇太子の罪を冤罪とする上奏が相次ぎ、よくよく調べてみると、限りなく冤罪に近いことが判明したが、すべては後の祭りで、武帝の胸には虚しさと寂しさしか残らなかった。

懺悔して呪符を飲みさえすれば、どんな病気も治る！

日本ではお馴染みの三国志「桃園の誓い」の劉備・関羽・張飛

日本でも人気の高い三国志は知謀と武力だけの世界ではなく、どんな病気や怪我でも治す名医も登場すれば、呪術を駆使する教団も登場する。戦乱のきっかけを作った太平道と四川の山中で生まれた五斗米道がその教団である。

太平道は流民や生活困窮者に救いの手を差し伸べることで信者を増やした。医療奉仕もその一つだが、太平道の医療行為には鍼灸も薬草も用いられず、歴史書の『後漢書』には、「ひざまずいて伏し拝ませ、犯した罪を告白させる」「符（お札）・霊水と呪文で病気を治す」と記されている。

同じく歴史書の『三国志』には、「九節杖（九つの節のある竹の杖）を持って呪文を唱え、病人にぬかずかせて過ちを反省させ、それからお札と霊水を飲ませる。わずかの霊水で治ったときには、信仰がある、治らなければ信仰がないとされた」と記されている。

一方の五斗米道について、同じく『三国志』は、「病気にかかると、犯した過ちを告白させた」「静室（道場）を設け、病人をそのなかに坐らせて過ちを反省させた」としながら、以下のように治療用の祈祷についても言及する。

「病人の姓名を書き、罪に服する意志を述べた文書を三通つくる。一通は天神に捧げるため山上に置き、次の一通は地神に捧げるため地中に埋め、残りの一通は水神に捧げるため沈めた」

ほぼ同じ時期に成立した太平道と五斗米道の治療術。病人に罪の告白をさせるところまではいっしょだが、そこから先は微妙に異なる。端的に言うなら、五斗米道の治療術が現在でもありそうな祈りの一形態なのに対し、太平道の治療術は呪術そのものと言える。

まだ紙が高価な時代だから、ここで言うお札は木片か布片、もしくは木の葉を使用したと思われるが、そのまま飲むには無理があるから、焼いてできた灰を霊水と混ぜて飲んだのだろう。霊水も特別な水ではなく、器に汲んだ湧水か井戸水に呪文をかけることで、霊水と称したと考えられる。

お札には何かしらの文字か記号が記されたはずだが、残念ながらそれを知る手掛かりは何もない。おそらく信者の大半は読み書きができなかったから、どんな文字が書かれていても、気には留めなかっただろうが。

太平道・五斗米道と直接のつながりはないかもしれないが、湖南省の馬王堆漢墓から出土した帛書（織布に記された書）のなかに「五十二病方」という医書があり、そこには巫蠱により病気になった者に対して、お札を焼いてできた灰を液体に混ぜ、病んだ者をそこで沐浴させる呪術的治療について記されていた。沐浴にはそれなりの水量が必要だから、水の入手がしやすい地域では沐浴、そうでない地域では飲むという形に差別化が図られたとも考えられる。

馬王堆漢墓で発掘された帛画
（絹に描かれた絵）

ところで、歴史書『三国志』の「張魯伝」には、「漢中を占拠した張魯は鬼道を行なって民衆を導いた」とある。張魯は五斗米道の3代目の教祖で、「鬼道」とは巫者や霊媒が神霊と直接交感して神託を下す術を言う。

同じく『三国志』には、「烏丸鮮卑東夷伝」という巻があり、俗に「魏志倭人伝」と呼ばれるのはそのなかの倭国に関する部分で、邪馬台国の卑弥呼に関する言及もそこにある。

事鬼道、能惑衆（鬼道を得意とし、人びとの心をつかんだ）

年已長大、無夫婿、有男弟佐治国（かなりの高齢になって、夫はなく、その弟が国の統治を補佐した）

自為王以来、少有見者（王位に即いて以来、彼女に目通りした者はほとんどいない）

以婢千人自侍、唯有男子一人給飲食、伝辞出入（千人の侍女をまわりに侍らせた。男子でそばに仕えたのは一人だけで、飲食物の提供、命令や上申の伝達もこの男子にしか許されなかった）

居処宮室楼観、城柵厳設、常有人、持兵守衛（起居するのは宮室や高殿のなかで、まわりには城柵や厳しく巡らされ、武器を所持した者が四六時中、警護にあたった）

卑弥呼のイメージ　© アフロ

卑弥呼について直接言及された部分は以上ですべてだが、これを見る限り、卑弥呼が得意とした鬼道は張魯のそれと同一でなく、占いと予言を主としたと考えられる。これなら当人が表に姿を現わさずとも、代理人を通して呪力を誇示することが可能だったからだ。

一方、医療行為は姿を隠したままではできない。代理人を通すにしても、卑弥呼に目通りできるのが一人の男子のみでは、やれることにも自ずと限りがある。呪術医療を得意とする者がいたとしても、卑弥呼以外の誰かであったはずである。

卑弥呼が周囲から隔離されていたのは、おそらく穢(けが)れを避けるためだろう。異性と性行為に及べば、せっかくの呪力がすべて失われる。性行為に及ばずとも、風聞を立てられるだけでも差し障りが大きいため、疑われる余地を完全に断つ必要がある。そのためには極力接触を断つしかないというので、厳重な隔離と面会制限が行なわれたのではないか。

『日本書紀』をはじめ、日本の歴史書には卑弥呼の名も卑弥呼に該当しそうな人物も登場しない。

ただし、第10代・崇神天皇の叔母にあたるヤマトトトビモモソヒメノミコトや第14代・仲哀天皇正妻の神功皇后が依代の役目を果たしていることから、神と交感できる人間、神の依代になりうる人間は天孫の後裔、それも女性に限られると認識されていた可能性がうかがい知れる。

雨乞いの効験が決め手！ 五胡十六国時代の仏教受け入れ

中国の宗教と言えば仏教と道教の2つを挙げる人が多いと思われる。道教が土着信仰の集大成であるのに対し仏教は外来の宗教。大雑把に要約すればそうなるが、仔細に調べていくと、事はそう単純でないことが見えてくる。

仏教誕生の地は現在のインド・ネパールの地。中国には中央アジア経由の陸路と、インド洋から南シナ海を経た海路という2つのルートで伝えられた。

中国への仏教の初伝は前漢末の前2年、中央アジアにあった大月氏国からの使節が口頭で仏教の教えを伝えたというが、具体的な内容は伝えられていない。

次には後漢初頭の紀元41年、皇族の楚王英が「黄老の微言を誦し、浮屠の仁祠を尚ぶ（黄帝や老子の奥深い言葉を読み、ブッダの慈悲深い言葉を大切にしている）との記述が歴史書に見える。ここで言う「黄老の微言」は道教の前身の一つである黄老思想（老荘思想とも）を指している。

さらに後漢末になると、第11代の桓帝（在位146～168）がブッダと老子を祀ったとの記録が見えることから、仏教が黄老思想と同等の価値ある思想として、支配層の間に普及しつつあったと推測される。

だが、184年に起きた黄巾の乱をきっかけとして、中国は動乱の時代に突入する。文化史の観点からは、三国志の時代をも含めて魏晋南北朝時代、政治史の上では三国志の時代から西晋による統一、五胡十六国、南北朝と続く時代区分が存在するが、実は仏教が広く社会に浸透したのも、黄老思想が道教へと発展的成長を遂げたのもこの動乱の最中だった。

石勒

西晋の滅亡後、黄河流域を中心とする華北一帯に複数の異民族王朝というより、異民族による地方政権がいくつも割拠した。

「五胡」とは北方系とチベット系からなる5つの異民族を指す言葉で、そのなかの一つ、羯族の石勒によっ

後趙の石勒に仕えた仏図澄

て築かれた政権は後趙と呼ばれる。

　石勒は奴隷の境遇から群盗に身を投じ、匈奴の劉淵に臣従したのを境に飛躍を遂げた人物だが、それだけに人を殺すことに何の躊躇いもなく、新たに占領した地では殺戮と略奪をほしいままにした。そんな石勒の心をつかみ、少しでも穏やかになるよう導いたのが仏教僧の仏図澄だった。

　仏図澄は中央アジアの亀茲（クチャ）の出身で、仏法に加え、幻術も修得していた。石勒の心をつかめたのも正攻法ではなく、急死した石勒の子を生き返らせる、寺の鈴が鳴るのを聞いて未来の吉凶を予言する、鉢に水を満たした前で香を焚き、呪文を唱えながら蓮の花を咲かせる、腹の中から引き出した五臓六腑を洗い清めた上で元の場所に戻すなど、数多くの不可思議な術を駆使することで初めて石勒に意見ができるようになったと伝えられる。

　幻術は人の目をくらます術だが、仏図澄の術には幻術の枠に収まらず、呪術と呼ぶべきものも含まれるが、呪術を通じての信者の獲得はなにも仏教の独壇場ではなく、道教も似たり寄ったりだった。

道教は老子・荘子の教えや占いの易、陰陽五行説、方術、神仙思想、風水説など、およそ神秘的な信仰や思想を集大成したもので、後漢末の太平道と五斗米道は形成過程の産物として間違いない。

仮に仏教の伝来がなければ、道教が成立することはなかったか、成立するにしても、もっと先のことだったかもしれない。それというのは、道教の成立は仏教の普及に脅威を感じた伝統信仰や伝統思想側のリアクションに起因するからで、道教の経典も教団組織も仏教のそれを手本にしていた。

ひとたび経典と教団組織が整えば、そこからは信者の獲得競争で、来世の平安を約束する仏教に対し、「現世利益を第一とする道教」という構図を基本にしながら、現実にはどちらの雨乞いが有効であったか、どちらがより強く権力者の心を引いたかなど、呪術の効果や俗物根性丸出しの媚びへつらいがものをいうことが多かった。

ところで、中国史上の主な宗教は仏教と

湯島聖堂の孔子像（東京都文京区）

道教だけでなく、重要なものがもう一つある。儒教がそれである。近代以降、儒教は宗教か否かという論争が何度も繰り返されてきたが、漢代から五代十国時代までに限って見れば、間違いなく宗教の一つだった。

儒教の開祖は春秋時代の孔子で、その教えは儒学と呼ばれた。孔子自身は鬼神について語らない姿勢を貫いたが、時代が下ると、状況が変わった。

儒学と呪術を取り入れた董仲舒

前漢は建国以来、無為自然を柱とする黄老思想を事実上の国教としており、儒学者たちはこの状況を打開すべく思考を巡らしていたが、そのなかから武帝時代に大きく頭角をあらわしたのが董仲舒だった。

董仲舒が着目したのは天変地異を人間の行為と関連付ける天人相関説で、彼はそれをより具体化及び理論化することで災異天譴論（災異説）という独特の考え方を確立させた。朝廷が失政を犯しそうな状況になると、天はまず小さな災いを起こして警告する。自省することがなければ、次には怪奇現象を起こして警鐘を鳴らす。それでも政策の変更がなされなければ、大きな亡国レベルの実害を起こすというもので、「災異」は天災怪異の略語である。

これだけでも十分宗教色を帯びているが、前漢末から後漢時代にはこれに讖緯説という予言が加わり、儒学でなく儒教と呼ぶに相応しい中身となった。孔子の説いた教えからはますます離れ、この傾向は宋代に宋学と総称される儒学の革新運動が高揚するまで続いた。

則天武后が仕組んだ罠か？ 藁人形を使って相手を呪う厭勝が発覚

則天武后、陵墓の参道脇に並ぶ61ヵ国諸国の使節の像（著者撮影）

呪詛のやり方は一つではなく、巫蠱以外にも存在する。藁人形と五寸釘を用い、呪術師に特定の人物を呪詛させるものは厭勝と呼ばれた。同じ呪詛でも厭勝は呪殺まではせず、呪いによって他人を屈服させることを目的とした。

厭勝は熾烈な競争が繰り広げられた後宮で発覚することが多く、藁人形と五寸釘は十分な物証と見なされた。唐の宮廷で厭勝が発覚したのは、則天武后が高宗の皇后に昇格する655年10月より少し前のことだった。

則天武后は唐の2代皇帝太宗の後宮と3代皇帝高宗の後宮の両

則天武后（武則天）

方に在籍経験を持つ稀有な存在だった。上昇志向が異常なまでに強く、正妻の王皇后に従うふりをしながら、後宮でナンバー2の蕭淑妃の失寵に成功すると、次は攻撃の矛先を王皇后に向けた。

王皇后を正妻の座から引きずり落とすためなら手段を選ばない。自身が腹を痛めて間もない女児を自ら窒息死させ、その罪を王皇后になすりつける。普通の女性には到底真似のできない芸当を則天武后は難なくやってのけた。

王皇后への攻撃はさらに続く。王皇后と母の柳氏が後宮に巫者を招き入れ、厭勝を行なった嫌疑をかけられたのである。

民間ならともかく、宮中でそれを行なうことは固く禁じられていた。決定的な証拠となる藁人形と五寸釘は発見されなかったが、潔白を証明することもできなかったため、柳氏に対して宮中への出入りを禁止する処分が言い渡され、王皇后は最も頼りにした相談相手を失い、孤立無援の状態に置かれることとなった。

武后は追撃の手を緩めず、王皇后と蕭淑妃を2人ながら廃位に追い込んだ上、後宮の奥隅に

藁人形と五寸釘

ある、不潔でじめじめとした座敷牢に閉じ込めた。徹底的に屈辱を味合わせようとの魂胆だったが、高宗が2人に会いに行ったと聞くと計画を変更。高宗に迫り、鞭打ち100回の刑に処すとの詔書を出させた。

衰弱した女性が鞭打ち100回も受ければ、途中で命尽きるは必定。王氏は毅然と死を受け入れる態度を示したが、簫氏は腹の虫が収まらず、武后を女狐呼ばわりして、「陛下をたらしこんで、まんまと皇后の座をしとめやがった。私は必ずネコに生まれ代わり、ネズミになったあいつの喉元を食い千切ってやる」と絶叫した。

これに腹を立てた武后は鞭打ちを途中で切り上げ、2人の手足を切断させた上、酒を満たした甕(かめ)の中に放り込ませた。

首だけ外に出した状態で放置すること数日。2人が息絶えたことを確認すると、武后はその屍体を切り刻ませた。さらに王氏の姓を蟒(ぼう)氏、簫氏のそれを梟(きょう)氏に改めさせるなど、2人を辱める行為は死後にまで及んだ。

簫氏の粛清には後日談がある。簫氏の報復を恐れた武后はとことんネコを避け、宮中で飼育すること自体を禁じさせた。髪を振り乱しながら血をしたたらせた王氏と簫氏の亡霊が夢中にたびたび出てくるため、宮城の東北の高台にある離宮に移ってみたが、ここでも亡霊の出現がやまない。さすがの武后も亡霊相手ではなす術を知らず、長安から洛陽へ転居したのは亡霊から逃れるためだったと伝えられる。

よく間違われがちだが、「厭勝」と一字違いの「厭魅」という言葉もある。唐律では10の大罪「十悪」の第5に「不道」があり、厭魅は巫蠱と並び、不道の一つに数えられている。「不道」とは文字通り、人の道に背くこと。厭魅は呪術で人を呪うこと、または呪い殺すことを指す。唐律の内容は日本の大宝律令と養老律令にほぼそのまま受け継がれたから、日本でも厭魅は不道の罪として摘発と裁きの対象だった。

行信

とりわけ8世紀には厭魅の事件が相次いだ。たとえば、754年には奈良薬師寺の大僧都（官職の上で最上位の僧侶）行信が八幡神宮で主神を務める大神田麻呂らと共謀して厭魅を行なったとして捕らえられ、中心人物の行信は下野国薬師寺へ配流された。

ただし、この事件は厭魅の対象も不明なら動機も不明。人脈の点から見れば、行信は橘諸兄の一族と密接な関係にあったから、厭魅の対象は諸兄と対立していた藤原仲麻呂とその一族であった可能性が高いが、仮にそうだとして、なぜその点が曖昧にされたのかという新たな疑問が浮かび上がる。実に奇妙な事件である。

橘諸兄と藤原仲麻呂の両名ともに鬼籍に入ってから久しい772年には、第49代光仁天皇の皇后、井上内親王が同天皇を巫蠱した嫌疑で皇后の位を剥奪される事件が起きた。子の他戸親王も皇太子の位を奪われている。

井上内親王が第45代聖武天皇の第一皇女である点を考慮するなら、自身が天皇になりたくて夫である光仁天皇を呪詛した可能性は否定しきれない。廃后や廃太子は重大な政治案件だから、光仁天皇もよほどのことがない限り、そんな決断を下さないはずだ。だが、井上内親王が自分に取って代わろうとしていると聞かされれば話は別で、井上内親王が冤罪と仮定した場合、他戸親王の即位を喜ばない藤原氏が同親王を葬り去るついでに、井上内親王にも罪を着せたとも考えられよう。

井上内親王の悲劇はこれで終わりでなく、773年10月に難波内親王（光仁天皇の同母姉）が死去した際、今度は厭魅した嫌疑をかけられ、母子ともども大和国宇智郡に幽閉。1年半後の4月27日、両名ともに死亡した。状況からして自然死とは考えにくく、自殺か他殺のどちらかである。

冤罪であることは公然の秘密であったから、都に天変地異が相次ぐに及んでは朝廷の対応も速く、山部親王（のちの桓武天皇）の体調不良が続く777年12月には遺骨の改葬に加え、その墓を御墓と称し、墓守を置くようにとの命令が光仁天皇から発せられている。

800年には皇后の号の復活に加え、御墓は山陵と改称された。その後も慰霊のために霊安寺と御霊神社が創建されるなど、名誉回復と並び、井上内親王の霊魂が怨霊と化し、祟りをなすことが恐れられた。当時権力の中枢にいた人びとには、身に覚えがあったのだろう。

北宋王朝の滅亡を速めた喫菜事魔とは何者か？

唐の都の長安は国際都市と呼ばれる。日本と新羅からの留学僧・留学生に加え、西域出身の異民族が数多く暮らし、西域伝来の宗教施設も整っていたからだ。それはゾロアスター教（祆教）、マニ教（摩尼教、明教）、キリスト教のネストリウス派（景教）の3つからなり、これら3つは三夷教、その宗教施設は三夷寺と総称された。

マニ教の聖職者

このなかでその後の中国の歴史に最も大きな影響を与えたと言われるのはマニ教で、ゾロアスター教と同じく古代のイランで成立した。その教義は既存宗教や哲学理論の混淆からなり、信者には不殺生、肉食を慎むこと、酒を控えること、性的禁欲、無所有の五戒を説き、あらゆる欲望を抑える手段として、白い衣服の着用、一日一食の菜食主義、週一度の断食、一日4〜7回の祈祷、信仰告白、水を使わない洗礼などが奨励されていた。

中国へは交易の民として知られるソグド人によって伝えられ、唐と境を接したウイグルでは国教とされるなど、マニ教の教えと教団組織はアジアの広範囲に及んでいた。

ウイグルの国家が840年頃に解体するに伴い、唐ではマニ教に対する弾圧が開始されるが、根絶には至らず、その後も現在の浙江省から福建省の一帯で信仰が続けられ、宋代には、菜食主義で異端の宗教に事える者という意味から、その集団は「喫菜事魔の徒」と呼ばれた。喫菜事魔とマニ教を結びつけることに否定的な声も多いが、喫菜事魔の流行地域が対外貿易港を有する地域と重なるのは偶然とは思えず、直接の後裔ではなくとも、強く影響を受けた可能性までは否定できない。

方臘という喫菜事魔の一指導者が反乱を起こしたのは1120年10月のこと。歴史書は方臘について、「左道にことよせ、人びとを惑わせていた」と記す。「左道」とは異端の教え、または邪教の意。左道かどうかは朝廷や現場の役人の主観により判断されるため、「左道」という言葉は、その宗教や教団の実態を知る上でほとんど参考にならない。

小説『水滸伝』でも「方臘の乱」はとりあげられる、写真は梁山泊がモデルの観光地　©Aki-Zuo-S/PIXTA

同じことは、喫菜事魔の特徴とされた「夜聚暁散」「男女混淆」という描写にもあてはまる。「夜聚暁散」（夜に集会を催して、明け方に解散）「男女混淆」（男女の席が分かれていない）とする表現は、儒学倫理を徹底的に教え込まれた知識層にとってはフリーセックスそのもの。これだけでも十分けしからぬことで、夜間の集会と男女入り乱れての着席は邪教のしるし、それとは逆に邪教と判断された集団だから、実態を確認するまでもなく、「夜聚暁散」「男女混淆」のレッテルを張ることがほぼ慣例と化したとも考えられ、その傾向は21世紀の現在にも受け継がれている。

歴史書の記述に戻ると、方臘は自らを聖公と称し、鬼神や詭秘の事（神秘的でわけのわからないこと）を行ない、同じ信者同士、互いに扇動することで勢力を拡大させたが、官軍の反撃により、1122年3月には平定されたとある。

ここにある「鬼神」も「詭秘の事」もまた具体性に乏しく、いかにも知識層による主観、マイナスのレッテル張り以外の何物でもないが、幸いなことに、作者不明の『容斎逸史』という野史には喫菜事魔についてもう少し詳しい話が記されている。

同書によれば、喫菜事魔は菜食を宗旨として魔王に仕える秘密宗教で、ニラやニンニクなど臭気の強烈な野菜類と酒を断って口にしない。神仏や祖先に仕えず、太陽や月を拝む。賓客を集めての宴会もしなければ、人が亡くなったときに葬儀もせず、遺体は全裸にして葬る。教団を一つの家と見立て、新規の信者が極貧であれば、みなで金目の物を持ち寄って援助し、他郷から見知らぬ人が訪れても、それが同じ信者であれば無償で宿や食事を提供する。

以上からわかるのは、かなり厳格な禁欲主義、伝統的価値観、既成教団のあり方への反発、原始共産主義的な性格で、マニ教との共通点も見られるが、そうでない部分もあり、マニ教との関係性に白黒をつけるのは難しい。

ただ一つ言えることは、喫菜事魔という言葉から漂うおどろおどろしさがほとんど感じられ

岳飛の像。靖康の変ののち、開封奪回目前までいった。

ないことで、この名称はやはり当時の知識層による偏見の賜物なのだろう。

実は方蠟の乱が勃発したとき、宋の朝廷はすでに戦闘準備が整っていた。女真族の金との間で、契丹（遼）を挟撃する約束を交わしていたからである。反乱の拡大が止まらないとの報告を受け、朝廷は軍の派遣先を北方から南方へ変更。金に対する違約になってしまうが、穀倉地帯を反乱軍に占拠されることの方がより深刻で、やむをえない選択だった。

とはいえ、金軍が単独で契丹軍に勝利したことから、宋は領土の分け前に預かれず、金からの信頼にも大きな傷がついた。金との軍事力の差が明白になったにも関わらず、その後も金を軽んじる姿勢に変化がない。どうにも腹に据えかねた金軍が宋の都を占拠し、皇帝の拉致や財宝の略奪などを働いた大事件「靖康の変」の種は、このときすでに撒かれていたのだった。

部外者の耳目を完全シャットダウンする「箕」の呪法（白蓮教）

宋の朝廷から邪教認定されたのは喫菜事魔だけでなく、同じく菜食主義と「夜聚暁散」「男女混淆」の傾向が見られた白雲宗と白蓮教も警戒の目を免れなかった。

白雲宗は孔子の子孫を称する孔清覚が江南の杭州で開いた宗派で、白蓮教は南宋のはじめ、茅子元が浄土宗の一派として起こした白蓮宗に由来する。

白蓮宗は仏教の五戒を守り、阿弥陀浄土に往生することを願う宗教結社だったが、不殺の戒に基づく菜食主義や僧職の妻帯などが原因で朝廷や既成の寺院から異端視され、１１６６年の茅子元の死後、しだいに反体制色を強めていった。

元王朝の時代にはマニ教や世直し思想を説く弥勒教との習合が進むと、注がれる視線は異端視から危険視へと変化。１３０８年には禁令が出され、多くの寺廟が破壊されたのを境として、にわかに秘密結社化が進行した。

元王朝の末期、自然災害が相次ぎ、多くの人びとが飢えや疫病に苛まれる状況下、巷では、「天下は大いに乱れ、弥勒仏がこの世に現われる」との予言が広まっていた。

ここにある弥勒仏とは未来に下界に下り、大衆を救うとされた菩薩で、弥勒菩薩とも呼ばれ

弥勒菩薩。日本の国宝「木造弥勒菩薩半跏像」

る。中国では４世紀の南朝・東晋時代に弥勒信仰の普及が始まり、弥勒の下生に備えるためには地上世界の変革が不可欠というので、５１５年に起きた大乗の乱をはじめとして、唐宋の時代にも極端な思想に基づく反乱が何度か繰り返された。一時的に沈静化していたが、北半球全域を襲った14世紀前半の気候変動の影響で、世紀末的な様相が色濃くなるに及び、再び息を吹き返した。

右の予言は韓山童という白蓮教の指導者が意図的に流布させたもので、単なる布教の一環ではなく、救世主の到来は近いとして、人びとに覚悟を促すとともに、大きな希望を与える言葉でもあった。

かくして１３５１年に勃発したのが紅巾の乱で、これを境に淮河と長江の流域は群雄割拠の状態に陥る。そこから台頭して天下統一を成し遂げたのが朱元璋で、彼は国号を明と定めた。

朱元璋はその過程で白蓮教と決別。紅巾軍を「賊」、彼らの教義を「妖言」と断言して、徹底的な弾圧を開始した。これより信者たちは再び地下へ潜り、白蓮教を名乗ることもなくなった。

けれども、白蓮教と似た教義や儀礼を持つ限り、その教団・結社が白蓮教の後裔である可能性は限りなく高く、信者たちに自覚はなくとも、朝廷からすればやはり白蓮教と捉えるべきで、公然たる布教活動が許されるはずもなかった。

教団・結社の側でも公認や合法化を志向することはなく、秘密結社のままでいることを望んだ。その理由について語る前に、白蓮教系の秘密結社に共通する部分について触れておこう。大きく分けて、加入儀礼と定期的に開催される集団儀礼の2つがある。

加入儀礼は師に対する誓約「過愿(かげん)」に始まり、自身の姓名と籍貫(せきかん)（本籍地）を記した黄色い紙を空に向けて焼き払う「打丹(だたん)（升丹(しょうたん)とも）」、闇の中で師の導きのもと光（灯火）に出会う拝灯儀礼と続く。誓約の内容は、師から授けられた教えを忠実に守り、決して背教しないこと、他人には師のこと、自分が獲得した信者のこと、自身が信徒であることも漏らさぬことからなり、「打丹」の儀は天空の彼方にいる女神「無生老母(むしょうろうぼ)」のもとへ黄色い紙が届けられ、救済対象の名簿に登録されたことを意味していた。

加入儀礼を終えた信徒は定期的な集団儀礼への参加を許され、初めての参加者に対してはここでも拝灯儀礼が行なわれ、加入儀礼のそれとは異なり、ここでは正面に師が座り、両脇に他の信徒たちが並ぶ中に迎えられ、師の導きのもと灯火を礼拝すると、灯心の紅玉が形を変え、千変万化する仕組みだった。

集団儀礼自体は鉦（かね）や鼓を打ち鳴らしながら呪文を唱えるというもので、相当な音が生じるから、秘密どころではないと思われるだろうが、音漏れは「箕（き）」の呪法で防がれた。箕とは穀物の選別に用いられた農具で、これを入り口に立てかけておけば、内部の音声は一切外部には漏れないと信じられていたのだ。

中国の民間宗教では、扶箕（ふき）という「こっくりさん」に似た降神術を行なう際、神の依代として箕が用いられており、

日本のこっくりさんに似た扶箕の模型

箕を呪具として捉えていたことが見て取れる。

加入儀礼にしても集団儀礼にしても徹底した秘密主義が貫かれているが、それは弾圧に対する警戒だけで説明のつくものではなく、それよりも信徒間での秘密の共有に重きが置かれていた。

信徒にとっての最大の秘密は、世界の破滅と救世主の出現が近づいているとの情報であり、彼らにとってそれは真理でもあった。

真理は無闇に拡散してよいものでなく、真理を共有するに足るレベルまで覚醒した者たちだ

けが知っていればよいもの。その意味では、白蓮教の信徒は選ばれた民と言ってよい。真理を知らず、信じようともせず、秘密も守れない者は救済するに値しないから、信徒らはそのような者を見捨ててよく、破滅と救済のときに備え、自分たちだけひそかに準備を整えればよい。

それこそが白蓮教系秘密結社の教義の根幹だった。

軽視してはならない。アジアにおけるシャーマンの役割

清王朝を築いたのは満州族。少し前まで女真族と称していたが、民族統一を果たしたのを機に満州族と改めた。新たな名称は文殊菩薩の本来の名、サンスクリット語のマンジュシュリーに由来するとの説が有力である。つまり文殊菩薩を篤く信仰していたということ。

シャーマンの装束（著者撮影）

シャーマンの被り物。
上記、３点はすべて満州族のシャーマンが使用したもので、黒龍江省ハルビン市阿城区の上京会寧府歴史博物館で展示（著者撮影）

けれども、ヌルハチとホンタイジ時期、満州族の精神世界は文殊菩薩に独占されていたわけではなく、菩薩信仰の受け入れに先立つ、伝統的なシャーマニズムもなお健在だった。

シャーマニズムとはシャーマンを中心とした信仰形態を指し、シャーマンとは神や精霊などの超自然的存在と直接交感して、託宣や予言、病気の治療などを行なう呪術師のこと。朝鮮半島のムーダン、日本の巫女や巫覡、口寄せなどもシャーマンに数えられる。

満州族がシャーマニズムを信仰していた痕跡は瀋陽故宮で見られる。北京に遷都する前、現在の遼寧省瀋陽市に構えていた宮殿の後宮区画のほぼ中央、皇后の居室があった清寧宮の前庭に聳え立つ高さ約3メートルの木の棒がそれである。

神竿。中国・遼寧省瀋陽市（著者撮影）

この棒は索倫竿または神竿、願い竿と呼ばれ、次のような伝承を持つ。

その昔、清の帝室・愛新覚羅家の始祖は敵対氏族の攻撃により、一人の男子を除いて皆殺しにされた。その男子にも追っ手がかかり、もはやこれまでと観念したとき、空から一羽のカササギが追っ手の注意を引きつけてくれたおかげで、男子は命拾いをした。

カササギ（鵲） ©archestman/PIXTA

のちに再興なった愛新覚羅家ではこのときの恩を忘れず、家の前に索倫竿を立て、供え物を捧げるとともに、その前で歌や踊りを奉納。この行事を一度きりで終わらせることなく、定例化した。

実は満州族とカササギの関係はこれだけでなく、カササギは開国伝説でも重要な位置を占めている。それによれば、天の神は地上の混乱を鎮めるため一人の神をカササギの姿に変えて遣わすことにした。その際、自分の三人の娘が下界の池で沐浴中だから、この紅い果実を末娘の衣服に置くよう言い含めた。末娘が果実を口にしたところ、たちまち身重になり、昇天が叶わなくなった。かくして末娘だけは地上に残り、日月が満ちて一人の男子を生んだ。何やら天の羽衣伝説に似ているが、このとき生まれた男子こそ、カササギに救われた男子の遠祖にあたる人物である。

これらの開国伝説は、愛新覚羅家が天の神の後裔で、カササギはその象徴と語るわけだが、2代目のホンタイジの時代、シャーマンに対する規制が開始される。シャーマニズムが国家行事から排除されたのである。

1635年から1718年までの87年間にシャーマニズムに対する禁令が出されること実に

韓国のムーダン

韓国の慶州市郊外の海岸で目撃。よく見ると、上になっている男性の両手に刃物が見える（著者撮影）

11回。満州族のシャーマニズムを特別扱いせず、漢人の呪詛と同一次元の逸脱行為と認識して、重刑を科すようになった。

　国号が後金から清へ変更されたのが1636年で、すでにその頃から支配下では漢人が多数を占め始めていたから、漢人から見下されることを心配して、公の場からシャーマニズムを排除したとも考えられる。

　度重なる禁令により、シャーマンたちは権力者のもとから離れ、活動の場を民間に移行した。氏族単位の神事や地域の祭祀に呼ばれ、依頼があれば悪霊祓いや呪術医療にも従事する。権力者から離れたことで、逆に一般の満州族との結び付きが強固になった。

　そんな満州族のシャーマンも近代化や都市化の波には勝てず、現在の中国大陸では絶滅危惧種と化しており、今やロシアのバイカル湖周辺から東シベリアこそシャーマンの本場と呼ぶべきかもしれない。

シャーマニズムの文化は朝鮮半島にも根付き、北朝鮮の事情は不明だが、南の韓国ではムーダン（巫堂）の名で呼ばれている。

正確を期するなら、ムーダンは女性のシャーマン、男性のそれはバスクと呼ばれる。神や守護霊の力を借りて、呪術医療もすれば、悪霊祓い、先祖の供養もし、豊漁や豊作を祈る儀式では進行役を務めるなど、近代化の波を受けながら、現在も一個の職業として成り立っている。

そのため韓国では時代劇だけでなく、現代を舞台にした映画がドラマでもシャーマンの出番がある。2016年製作で、日本では2017年に劇場公開された『哭声コクソン』で、演技派俳優のファン・ジョンミンが演じた祈祷師がまさにそれで、悪霊祓いに限らず、その他の祈祷でもチャング（杖鼓）、チン（銅鑼）、ケンガリ（鉦）、テピョンソ（チャルメラ）などの楽器が打ち鳴らされるなか、祈祷師が激しく踊りながら、神や守護霊を降臨させる。

降臨させる神は目的によって変わるが、死者の冥福を祈る儀式ならパリ公主、懐妊を願うなら生産を司る女神タングムエギか子宝の神サム神を降臨させることが多い。

同じく近代化の波を被りながら、シャーマニズムが廃れるところと維持されるところの別ができるのは実に興味深い現象である。日本では青森のイタコくらいしか聞かないが、占い人気が根強く、周期的にオカルトブームがくることを思えば、日本でもシャーマンが復活の可能性はあるのかもしれない。

清の盛世を震撼させた霊魂泥棒事件

清の盛世は康熙・雍正・乾隆の3代と言われる。その乾隆帝が君臨した1768年、人びとを恐怖のどん底に叩き込む大事件が持ち上がった。何人もの妖術師が国中をうろつきまわり、「叫魂（霊魂泥棒）」を働いているというのである。

乾隆帝

その手口は一様でなく、髪の毛や衣服の一部を利用したものもあれば、紙片に名前を書き記したものもある。共通するのは、妖術師がそれを利用して望みを適えたとき、犠牲者がにわかに病を発し、ほどなく死亡する点である。

人びとは考えた。犠牲者の名前と出生に関する情報を必須とするのは未熟な妖術師で、練達の妖術師の手にかかると、髪の毛や衣服の一部だけで霊魂を抜くことができると。

妖術に関する清の律（刑法）は少々複雑である。唐律や大明律を受け継いでいるため、「十悪」と「不道」の規定もあるが、それ以外に祭祀・教育を司る礼部と司法を司る刑部の管轄下でそれぞれ別の罰が規定されていた。

礼部の中でも供犠に関する「祭祀」と儀式に関する「儀制」、刑部のなかでも反乱や強盗を対象とする「賊盗」、殺人を対象とする「人命」で、予言を行なった妖術師の罪が「儀制」では杖打ち100回と比較的軽微なのに対し、「賊盗」では謀反に対する罪と同じく即時の斬首刑、「人命」では少しずつ時間をかけて肉を削る凌遅というように、罪の軽重にはかなりの差があり、為政者の腹一つで大きく左右されたものと考えられる。

さて、1768年の霊魂泥棒事件は江南の浙江省に始まり、最終的には12の省に拡大した。その過程で呪文やお札、その他の儀式などによる防御手段が提唱されたが、長江の流域では次のような戯れ歌が流行した。

石工、石和尚
おまえが呼んだが、自分たちを害うことになる
最初に和尚を殺め

次に石工を殺せ
すぐに家へ帰って
橋を頭上に支えよ

2行目と最後の2行は意味不明瞭だが、ここに石工と和尚が挙がっているのには、それなりの理由がある。

石工は固い石を相手にする職業だが、誰でもいいから存命の人間の個人情報を紙片に書きつけ、それを杭の頭に打ち付けると、槌を振り下ろす際に霊妙な力が加わるとの俗信があったせいで、石工には普段から猜疑(さいぎ)の目が向けられていた。

一方の和尚はこの場合、非公認の僧侶を指す。住所不定の彼らは托鉢(たくはつ)をしながら放浪生活を送り、内実は物乞いと大差なかった。霊魂泥棒事件の伝播があまりに速く、なおかつ広範囲に及んだことから、朝野ともに放浪する者たちに疑いの目を向け、非公認の僧侶もそれを免れなかった。

霊魂泥棒事件は浙江省から主に西と北の二方向に移動したが、北では山東省から北京を囲う直隷(ちょくれい)省に入った頃には、新たな防御手段が広まりつつあった。それは残りの辮髪(べんぱつ)もすべて切り落とした後、ヨモギ、ワラ、スイカズラ、ニンニクを煎じた液体で頭を洗うというもの。だ

辮髪。清国人留学生（1880 年代のサンフランシスコ

が、その報告を受けた乾隆帝は表情を険しくした。一連の事件は単純なものではなく、背後に政治的な脅威が潜んでいるのではないかと疑い始めたのである。

乾隆帝の注意を引いたのは、辮髪をすべて切り落とす行為にあった。清軍は北京入城以来、漢民族の成人男性に辮髪を強制してきた。後頭部を除いて周囲の頭髪をすべて剃り上げ、後頭部に残った髪を長くお下げに編んで後ろに垂らす髪型で、北方民族に共通する習俗でもある。

明王朝のために命を投げ出した者が皆無に近かったのに対し、剃髪令（ていはつれい）に端を発する抵抗は予想外に激しく、清軍も一度は剃髪令を撤回しなければならなかった。このような経緯があることから、霊魂泥棒対策として辮髪をすべて切り落とす選択肢が挙がった段階で、未知なる陰謀の存在が乾隆帝の脳裏をよぎったのだった。霊魂泥棒事件には黒幕がいて、真の目的は合法的に辮髪を切り落とすことにあるのではないかと。

だが、それは乾隆帝の思い過ごしで、すべての事件を洗い直してみたところ、山東省で起きた事件に関し、被疑者の供述のすべてが拷問により強（し）いられたもので、取調官の創作であることが判明。犠牲者が実在したかどうかの確認がなされていないこともわかった。妖術師が北上中という地方官の思い込み、無理な日程で裏取りを命じられた使い走りたちによる偽りの報告などが重なり、さも大事件が進行中のように思わせられていたのである。

また、浙江省で最初に起きた事件に関しても真相が明らかになった。信者の獲得競争を展開していた2つの寺院のうち劣勢の側が、相手を貶めようと、羽振りのいい寺院の近くで働く石工たちが妖術を行なっているとの噂を流したことがすべての始まりだった。霊魂泥棒事件など最初か起きていなかったわけで、妖術師と疑われ、群衆のリンチで殺された和尚や物乞いたちはいい災難だった。

伝統建築に見える魔除け

中国の伝統建築と言えば、たいていは明清（みんしん）時代の建物を指す。裕福な屋敷か日本で言う一戸建ての建物ならば必ず、何かしらの魔除けが施されている。

まず門の外で目につくのは、「石敢當（いしがんとう）」の3文字が刻まれた小さな石碑で、家の土台石に刻まれることもあれば、地域全体の魔除けとして、道の辻や路地の入口に設置されることもあった。

次に正門をくぐると、真正面に壁が立ちはだかり、それ以上奥へ進むには、わずかな距離ではあるが、迂回をしなければならない。この壁は「影壁」と呼ばれ、邪気には知恵がないため直進することしかできず、前進を阻まれれば立ち去るほかないとの考えに基づき、日本でも禅宗三大宗派の一つ、黄檗宗の寺院で目にすることができる。

民家や寺院の影壁は一枚の壁以外の何物でもないが、皇帝や皇族の宮殿になると、九龍壁という、非常に存在感のある長壁となる。その名称から想像できるように、九龍壁には9匹の龍が描かれており、北京の紫禁城のそれは全長30メートルにも及ぶ。２７０枚もの五色の彩色瑠璃板がつなぎ合わせられている、言うなれば一個の芸術品。中国の伝統文化に詳しくない人には、これは魔除けと説明しても信じてもらえないのではないか。

北海公園の九龍壁　©genjoe/PIXTA

紫禁城の九龍壁は１７７２年の建造だが、山西省大同市にはこれよりも古い、明の１３９２年に建造された九龍壁が残り、現存する3つの九龍壁の中では最古のものである。全長45・5メートル、高さ8メートル、厚さ2メートルと、大きさの点でも紫禁城のそれを上まわる。

ちなみに、残る一つの九龍壁は紫禁城の北に位置する北海公園にあり、こちらは1756年の建造で、全長は25・52メートル。九龍が表裏の両面にそれぞれ描かれているのが特徴で、美しさの点では紫禁城のそれに勝る。どちらも乾隆帝時代の建造だから、紫禁城の九龍壁に物足りなさを感じた同帝が、より自分の好みに合うものを築かせたとも考えられよう。

影壁を迂回して奥へ進むと、日本の瓦屋根に鬼瓦があるのと同じく、主要な建物の屋根には何かしら装飾がある。龍や鳳凰、麒麟(きりん)など伝説上の霊獣の場合もあれば、霊鳥に乗った仙人や大型の武器を手にした武将の場合もあり、これらには魔除けに加え、火除けの役割も期待されていた。

屋根飾りの霊獣は奇数でなければならず、その数は建物の規模によって決まる。9体配置できるのは皇帝の住居である紫禁城に限られ、霊鳥に乗った仙人を先頭、厳めしい髭を生やした龍を最後尾として、その間に9体の霊獣が並ぶ。霊獣のなかには他ではお目にかかれないものもあるので、これから紫禁城へ行く予定の人にはつぶさに観察することをお勧めしたい。

話を魔除けそのものに戻す。中国では魔除けのことを「辟邪(へきじゃ)」と言い、右に挙げたのは建物の建造時にあわせて設置したもの。それらとは別に、完成済みの建物に対して、吉祥物を貼る、

今なお健在な門神。唐の太宗に仕えた実在の武将バージョン（著者撮影）

吊るす、置くなどの行為を通じ、辟邪効果の強化を図るのが普通だった。

正門であれば、春節（旧正月）には古い魔除けを剥がし、新しい魔除けを貼るのが習わしで、この魔除けは「門神」と呼ばれる。

古くは桃の木の枝で作られた人形を立てかけたそうだが、時代が下ると、桃の木をデザイン化した呪符に変わり、さらに時代が下ると、めでたい文字を書き記した「春聯」と神荼・鬱塁の2神を描いた門神の組み合わせに変わった。それからさらに時代が下ると、唐の太宗に仕えた実在の武将、秦瓊と尉遅敬徳とが加えられ、神荼・鬱塁コンビと秦瓊・尉遅敬徳コンビが共存する形で現在に至る。

ただし、春節の門扉に貼る魔除けは「門神」一択ではなく、赤い紙に逆さの「福」の字が記された「倒福」もよく見られる。一見、不幸を招くように思えるが、実は「倒」と「到」が同じ音であることに引っ掛けた言葉遊びで、本当の願いは「到福（福が来る）」にある。古代の中国には悪霊対策して、生まれた子にあえて悪い名をつける習慣があったから、「倒福」にも同じような意図が働いていた可能性もある。

また、建物とは関係ないが、中国では花火と爆竹にも魔除けの効果があると信じられた。その歴史は春秋時代にまでさかのぼり、庭で焚き火を燃やすことで邪気を追い払う浄化儀礼は「庭燎（ていりょう）」、同じく焚き火を燃やすが、音を起こすことで邪気を祓う儀礼は「爆祭（ばくさい）」と呼ばれた。

つまり、本来のあり方は邪気払いを目的とした呪術の一種だった。必要に応じて随時利用されていたそれが、唐宋の時代には春節の風物詩として定着した。

時代は下って21世紀には冠婚葬祭や出産、大学入学、引越、自動車の購入、家屋の新築、建築物の定礎式と落成式など、人生の節目に欠かせないアイテムと化しているが、基本が邪気除けである点に変わりはない。

張禧嬪だけではない！ 朝鮮王朝では呪詛事件が頻発

韓国の民俗村を訪れると、北米先住民のトーテムポールを思わせる高い柱が目に入る。地域によって名称は異なるが、一般には将軍標（チャングンピョ）または長生（チャンスン）と呼ばれ、天下大将軍と地下女将軍の一対からなる。

高麗駅前の将軍塚（著者撮影）

韓国の将軍標　© 伯耆守 /PIXTA

天下とは地上のことで、地下が冥界を指すとするなら、この一対の神の力は現世と来世の両方のカバーが可能ということ。守護神としてこれほど頼もしい組み合わせはない。

その起源は三国時代（4～7世紀）にまでさかのぼり、里程標や境界標としての役割に加え、村落の入り口に建てられたものは外部からの災厄を防ぐ守護神の役割を果たしていた。日本でも埼玉県日高市新堀の高麗神社と最寄りのＪＲ八高線「高麗」駅前で見ることができる。

チャンスンは巨大な呪具と見なしてよいが、朝鮮半島で人を呪詛する術が確立されたのも同じく三国時代と推測される。

朝鮮の歴代王朝は中華王朝の律（刑法）に倣う伝統があり、1392年に始まる朝鮮王朝は明の大明律を手本とした。特に悪質な犯罪を「十悪」とする点は唐も明も変わらず、「十悪」

の内訳も右に同じ。つまり第5の悪は「不道」で変わらず、そこには厭魅（呪詛）も含まれていた。

韓国のＭＢＣ放送局が２０１０年に制作したテレビドラマ『トンイ』には、朝鮮三大悪女の一人に数えられる張禧嬪（チャンヒビン）が厭魅の罪により、第19代の粛宗（スクチョン）から毒酒を賜りながら、従容として死に就く場面が出てくる。脚本家の作為が混ざっているにしても、粛宗の時代に厭魅事件が起こり、世子（セジャ）（王太子）の生母である張禧嬪が極刑に処せられたこと自体は、歴史書に記述がある。

歴史書は、張禧嬪が厭魅を行なった対象を仁顕王后とする。後宮における権力争いというより、彼女らを支える党派間の争いの果てに起きた事件で、騒動が持ち上がったのは王后が病死した１７０１年8月14日から間もなくのことだった。

厭魅について粛宗に報告したのは、『トンイ』の主人公のモデルとなった崔淑嬪（チェスクピン）で、ただちに調査をさせたところ、仁顕王后の部屋の近くから呪詛に使用されたと思しき物が見つかり、張禧嬪とその母がしばしば巫女を招き入れていたこともわかった。

現代の感覚からすると、極刑を下すには証拠不十分に思えるが、当時の感覚からすれば、十分要件を満たしていた。歴史書に記された内容がすべて事実であるならばだが。

およそ厭魅事件は実行する側も摘発する側も命がけである。指紋やＤＮＡの照合もできない時代、目撃者でもいない限り、呪詛物を埋めたのが誰かを特定することは不可能に近く、ひとたび告発されれば潔白を証明することも難しい。それでも冤罪と判断されれば、告発した者、捜査にあたった者は極刑を覚悟しなければならなかったから、被疑者の後ろ盾が盤石なとき、告発に踏み切るのは危険な賭けだった。

崔淑嬪の告発も危険な賭けに近かったが、粛宗が彼女を信じたことで、事件は張禧嬪の自死により決着し、張禧嬪は厭魅をした悪女として歴史に名を残すこととなった。

張禧嬪(チャン・ヒビン)の墓。韓国・高陽市にある。パワーにあやかりたいと、盛り土の盗難が絶えない（著者撮影）

張禧嬪とは逆に絶体絶命の窮地から逃れえた者もいる。第14代の宣祖の娘の貞明公主（ていめいこうしゅ）である。彼女の母・仁穆（じんぼく）太妃は第16代仁祖の即位に最も貢献した人物だが、太妃が亡くなるや否や、仁祖の貞明公主に対する態度は一変した。用済みで目障りでしかないとでもいうように冷たくなり、これに原因不明の体調不良が続いたことも重なって、ついには彼女による厭魅を疑い始めた。

寝殿の周囲を調べさせたところ、果たして大量の人骨や小動物の遺骸が見つかった。報告を受けた仁祖は確信を抱き、貞明公主に仕える女官たちに対しても厳しい尋問を開始させた。同じく仁祖の即位に貢献した重臣たちはこぞって冤罪を主張したが、仁祖は聞く耳を持たず、貞明公主は人生最大の窮地に立たされた。

絶体絶命の貞明公主を救ったのは、仁祖から最も信頼を置かれていた重臣の崔鳴吉(チェミョンギル)だった。崔鳴吉の上手いところは、貞明公主が宣祖の嫡女であることと、彼女を処罰すれば第15代の光海君を追放し、仁祖が即位した政変の正統性が崩れることから話を始め、そもそも厭魅事件は曖昧な要素が多く、真実の解明は困難とした点で、これでは仁祖も矛を収めるしかなく、貞明公主は首の皮一枚のところで救われた。

宮廷は権力の亡者たちが蠢(うごめ)く魔窟。このような認識が現在も受け継がれているからこそ、映画やテレビドラマでも頻繁に呪詛が扱われる。2018年に制作された映画『風水師　王の運命を決めた男』もその一つである。

主人公はパク・ジェサンという風水師。運気の集まる土地「名堂(めいどう)」の探索に優れた人物である。妻子を殺した重臣キム・ジャグンに復讐するため、キムに強い恨みを持つ王族の興宣君(フンソングン)を利用し、最終的には名堂は名堂でも、成功は一時的で、短命に終わる土地をキムの手に入れさせた。災いを避けられない土地に先祖の墓を移させたのだから、やっていることは呪詛そのもの。風水師だからこそできる復讐だった。

ランプの精ジーニーは何者か？

２０１９年に公開されたディズニーの実写ミュージカル映画『アラジン』は、１９９２年に制作された長編アニメをリメイクした作品で、中世イスラム世界の説話集（千夜一夜物語）』のなかでも、『船乗りシンドバッドの物語』に匹敵する人気の話『アラジンと魔法のランプ』を原作とする。

主人公はアラジンという若者だが、視聴者の記憶に最も強く残ったのはアラジンではなく、ランプの精ジーニーではなかろうか。普段はランプの中で待機しているが、ランプを擦ると現われ、ランプの持ち主を助けてくれる魔人である。

この魔人の名はジーニーまたはジンと称される。『アラビアンナイト』には明確な原本がなく、アラビア語で伝わる同書のなかには『船乗りシンドバッドの物語』と『アラジンと魔法のランプ』の話は見えず、この両話を載せるのは、18世紀初頭にフランスの東洋学者アントワーヌ・ガランが翻訳出版した、いわゆる「ガラン版」のみ。ガランは自分の足で聞き取り調査を重ねていたから、翻訳出版にあたり、『アラビアンナイト』とは関係のない話もいっしょくたにした可能性があるが、何にせよジーニーまたはジンという魔人に関する話が、イスラム世界で語り継がれていたことは間違いない。

イスラム教は一神教のため、唯一至高の存在であるアッラー以外の神を認めないが、キリスト教世界が聖人というグレーゾーンを設けたのと同じく、イスラム世界でも聖者と精霊は大目に見られる傾向があった。聖者はキリスト教の聖人と同じと思ってよく、精霊はイスラム教が成立するより前の多神教時代から続く民間信仰の名残である。

魔人ジーニーのもとになったと思われるのは沙漠の精霊で、アラビア語ではもっぱらジンと称される。イスラム教が中東全域に広く浸透した頃の民間信仰では、ジンにも良いジンと悪いジンとがあり、良いジンは人に幸福をもたらしもすれば恋愛関係となることもあったが、危害を加えられた場合には、復讐として災厄をもたらすと信じられた。

無断で棲み処に足を踏み入れられるのを嫌うため、人は無意識にジンの怒りを買いやすい。そんなとき、ジンによる復讐を防ぐには、ジンのいそうな場所に立ち入る際には、聖典コーランの各章冒頭に必ずある「慈悲深きアッラーの御名において」という句か、同じく頻出する「アッラーフ・アクバル（神は偉大なり）」と唱えるか、「ダストゥール（お許しを）」とつぶやくのがよいとされた。それ以外では、ジンの嫌いな鉄製品を護符とすることも奨励された。

これらジンに関する民間信仰と慣習は現在も生き続けている。

現在も生き続けているのは魔除けもいっしょである。イスラム世界で何より恐れられているのは嫉妬に起因する邪視で、これを防ぐ魔除けとして、トルコのナザールボンジューやアラブ世界の「ファーティマの手」がよく知られている。

イスラム世界の考えでは、妬みは目で物を見ることによって生じる。邪悪な目を持つ人間あるいは特定の動物に凝視されると、死や病気、事故、破損などの災いに見舞われるというのである。

そのため、イスラム教第1の聖典『コーラン』113章には、「嫉妬する者の嫉妬の災い」から加護してくれよう、神に請う一節が記されている。

またイスラム教第2の聖典『ハディース』には「妬みと嫉妬の禁止」と題した項があり、そこには、「汝ら、憶測に気をつけよ。憶測は偽りであるから。また、人の動静をうかがったり、探ったり、妬んだり、逆らったり、憎んだりしてはならない」と記されている。預言者ムハ

ナザールボンジュウ　© ふくいのりすけ /PIXTA

ンマドが何度も注意を呼びかけねばならないほど、妬みに起因すると思われるトラブルが絶えなかったのだろう。

「目には目を」ということか、邪視には同じく目で対抗しようというのが、トルコのナザールボンジューである。ナザールとはトルコで「妬み」、ボンジューは「目玉」を意味する。その名に違わず、ナザールボンジューはあらゆる邪視を撥ね退けてくれると信じられ、携帯用の小さなものから、車や自室に飾るものまで、大小さまざまな種類が出回っている。共通するのは大きな目玉と鮮やかな青色をしたトルコ石で、見ているだけで安心感の湧く代物でもある。

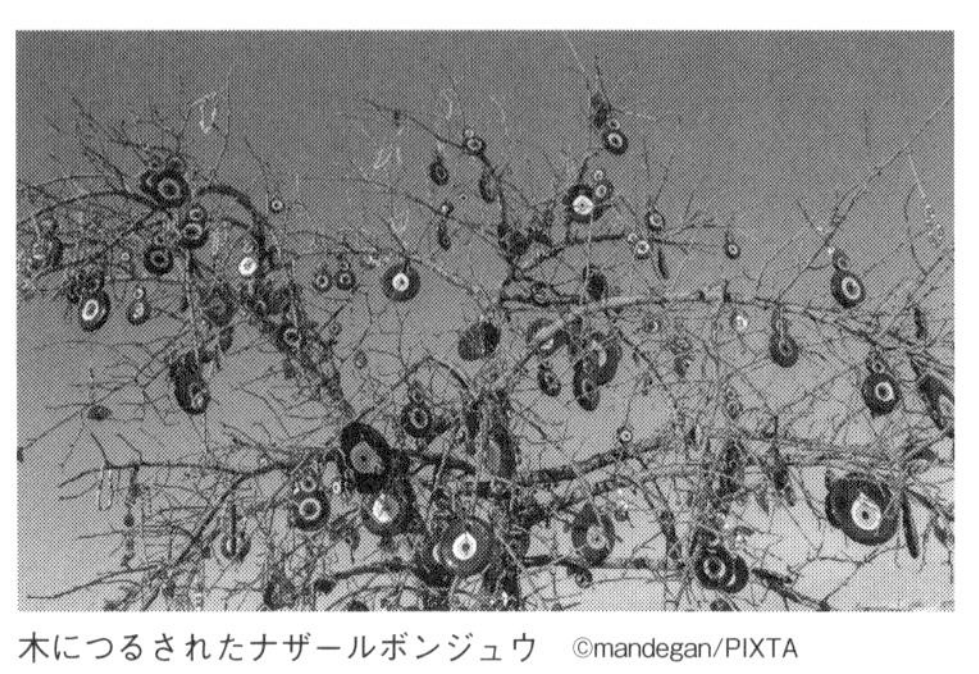
木につるされたナザールボンジュウ　©mandegan/PIXTA

それに対して「ファーティマの手」は手の平の形をしており、その名は預言者ムハンマドが最初の妻ハディージャとの間にもうけた4女ファーティマの名に由来する。

手の平というからには5本の指が伸びており、親指はムハンマド、人差し指はファーティマ、中指はハディージャ、他の2本はムハンマドの従弟アリーの長男ハサンと次男フセインを指す。

目玉と組み合わせたファーティマの手

近年は「ファーティマの手」でもいろいろな種類が売られており、なかには目玉と組み合わせたものも。バザル（市場）の民芸品店や空港の土産店でも売られているが、異教徒や無神論者向けに製造されたものではありがたみも薄れるから、できれば地元の人が利用する店で購入することをお勧めしたい。デザイン性で大きく劣るが、素朴な造りからは温かみが感じられ、何となく効果がありそうな気分に浸ることができる。

1980年代という画期。『帝都物語』『孔雀王』『霊幻道士』

現在からは想像しがたいかもしれないが、1970年代から21世紀初頭くらいまでの日本人には洋画志向が強く、日本映画や他のアジア映画を好む人は変人扱いをされがちだった。しかし、何事にも例外はあるもので、1980年代には、普段は洋画しか見ない人びとに足を向けさせる作品がいくつか登場した。『帝都物語』『孔雀王』『霊幻道士』などがそれである。

『帝都物語』は博物学を手掛ける荒俣宏が初めて挑んだ小説作品で、1988年には実写映画化の1作目が公開された。平将門の怨霊や風水、陰陽道など、それまで一部の通の人しか話題にしなかった存在や思想を一躍表舞台に引っ張り出した記念作でもある。

これと同じ年、香港との合作映画『孔雀王』が公開された。荻野真による人気漫画を実写化したもので、主人公は裏高野で修行を積んだ退魔師の孔雀。裏高野は、真言密教総本山の高野山の裏に人知れず存在し、この世から一切の魔物を祓うことを使命とするとの設定で、おそらく陰陽道の裏鬼門か人気時代劇の『子連れ狼』で悪役を務めた裏柳生に発想を得たと思われるが、何にせよ当時としては斬新だった。

最初の実写化は2001年だが、夢枕獏の小説『陰陽師』が最初に単行本化されたのも

1988年のことだった。文藝春秋社の月刊娯楽小説誌『オール讀物』で掲載が開始されたのは1986年のこと。岡野玲子がこれを原作とした漫画の発表を始めたのは1993年のことで、この頃を境に、それまで閑散としていた京都の晴明神社に多くの晴明ファンが参拝に訪れるようになった。

映画の『帝都物語』や『孔雀王』が公開されるより一足早く、日本にはキョンシー・ブームが到来していた。1985年に制作され、日本では1986年に公開された香港映画『霊幻道士』と、1987年にテレビ放映された台湾映画『幽幻道士キョンシーズ』をきっかけとする。キョンシーは漢字では「殭屍」と記される。本来は「硬直した死体」を意味する言葉だが、何かの拍子で死体が動き出し、生きた人間を襲うとの俗信があり、『西遊記』や『聊斎志異（りょうさいしい）』など、明・清時代に成立した伝奇小説にも登場する。

映画のなかでは、額に道教のお札を貼られている限りにおいて、キョンシーは無害。道士が鳴らす鈴の音に従って行動する。異郷で死んだ人の死体を故郷へ運ぶのが道士の役目となっているが、実際に中国湖南省の西部では効率重視の観点から、遺体の両腕を長い棒に縛り付け、前後2人だけで複数の遺体を運ぶ方法が取られていたらしく、遠目には遺体が列をなして歩いているように見えたはず。事情を知らない人が肝を潰すのも無理はなかった。

偶然か否か、これらの作品が公開されたのは日本がバブル景気に浮かれ始めた頃と重なる。就職戦線は買い手市場から売り手市場に転じ、どの業界の企業でも広告宣伝費が右肩上がりの上昇。テレビ番組や映画の制作に潤沢な資金を確保することができた。バブルの名に相応しく、夢のような5～6年間だった。

第3章

ヨーロッパの知られざる呪術史

嬰児殺しに近親相姦の乱交。原初キリスト教に貼られたレッテル

313年にキリスト教が公認されるまで、ローマ帝国ではキリスト教への迫害が断続的に繰り返された。唯一神という概念や兵役拒否など複合的な要因が重なっての処置と考えられるが、実は1～4世紀のローマ帝国社会には大きな変化が生じていた。血の流れるイベントや性の紊乱が忌避され、それとは真逆の方向に大転換しようとしていたのである。

そのなかにあってキリスト教には、嬰児殺しや近親相姦の中傷がつきまとった。たとえば、キリスト教徒と異教徒との対話篇『オクトタウィウス』のなかには次のようにある。

「人の肉を食べ、飽食した教徒は酒の勢いもあって性的に興奮してゆく。ランプに紐でつないでいた犬を骨でおびきよせてランプを倒させ暗闇にして、性の饗宴はそれを合図にはじまる」

(松本宣郎『ガリラヤからローマへ』山川出版社)

キリスト教徒側は事あるごとに噂の否定に躍起となったが、実のところ、火のない所に煙は立たぬで、当時のキリスト教徒のなかには性的紊乱と見られても仕方のない行為を実践するグループが存在していた。教会の中枢はそれを異端としていたが、異教徒の耳目にはキリスト教内の正統と異端の区別などつかない。いまだキリスト教徒の絶対数が少ない情況下では、一部

グループの行為をもって信者全体が悪く言われるのは、避けがたいことだった。

一部グループとは、キリスト教史上、最古最大の異端とされるグノーシス主義の流れを汲む者たちで、彼らの目的はこの世の原初の姿である宇宙の統一を復活させることにあった。どういうことかといえば、人間の目に見える世界は邪悪な力によって創造された罠に他ならず、多くの人間がこの罠に捕らわれ、肉体という牢獄に閉じ込められている。そのため神はイエスを地上へ遣わし人間が忘却した神と宇宙に関するグノーシス（隠された知）を伝えた。グノーシスに目覚めた人間は現世という欺瞞に満ちた罠から逃れ、万物の源である神のもとへ回帰し、一つになることができる。これが彼らの共通認識だった。

彼らによれば、物質世界と精神世界、霊と肉とは根源的に対立する関係にあり、尊重すべきは精神世界と霊で、物質世界と肉は蔑（さげす）むべきもの。このような前提があるため、グノーシス主義系統のグループは霊を浄化するため禁欲主義に走る派と、肉からの自由を見せつけるため性的放縦に傾き、乱交を意に介さない派とに二分された。

キリスト教には妻の共有というレッテルも貼られたが、実はこの点に関しても、実践するグループが存在した。おそらくは福音書にある以下の記述を根拠にしたと考えられる。

「求める者には、誰にでも与えなさい。あなたの持ち物を奪う者から取り戻そうとしてはなら

ない」（『ルカによる福音書』6・30）

「求める者には与えなさい。あなたから借りようとする者に、背を向けてはならない」（『マタイによる福音書』5・24）

現代の教皇庁は子づくり目的以外のセックスを認めていない。金銭目的、快楽目的もダメなら、愛情の確認としてのセックスも不可。これに対してグノーシス主義系統のグループは分散された原初の力を再び一つにするためとして、セックスはもちろん乱交をも救済に必要不可欠な行為と位置付けた。

乱交を重ねていては、妊娠が避けられないが、出産による新たな生命の誕生も、彼らにすれば原初の力の分散に他ならず、嬰児は調理して、信仰を同じくする仲間全員で食べるのを常とした。このあたりの感覚は福音書にある以下の記述に基づいているのかもしれない。

「人の子の肉を食べ、その血を飲まなければ、あなたがたの内に命はない。

私の肉を食べ、私の血を飲む者は、永遠の命を得、私はその人を終わりの日に復活させる。

私の肉はまことの食べ物、私の血はまことの飲み物だから。

私の肉を食べ、私の血を飲む者は、私の内にとどまり、私もまたその人のうちにとどまる」

（『ヨハネによる福音書』6・53〜56）

同じく原初の力の分散を回避する意味から、彼らは射精された精液を身体に塗るか飲むかして、この液はキリストの身体だなどと口走ったか思えば、女性の生理の血も飲んでいたという。さすがに大便と尿は口にしなかったようだが。

いくら異端とはいえ、キリスト教徒を名乗る人びとがこのような行為を働いては、キリスト教全体に悪い噂が立てられるのも無理はないが、実は正統派の言動にも誤解を招く要素があった。信者間の挨拶として交わされるキス行為、肉親でなくとも兄弟姉妹と呼び合う緊密な交わり、夜間における墓地での集会の開催、信者以外には非公開の聖餐式など、従来の古代ローマには見られない習慣の数々が、乱交や嬰児殺し、人肉食などの良からぬ噂を、噂の域から確信の域に引き上げるに十分な作用を及ぼしたのではないだろうか。

事実、18世紀イギリスの歴史家エドワード・ギボンもその著『ローマ帝国衰亡記』のなかで次のように記している。

「嬰児をすっぽり麦粉で包んで、あたかもそれが入信密儀の象徴でもあるかのごとく、新改宗者のナイフの前に差し出されるのだった。改宗者の方はなんにも知らず、この誤った無心の犠牲に無数の致命傷を負わせる。そしてこの残忍な行為が実行されるやいなや、信徒どもはその鮮血を飲み干してまるで餓鬼のように、まだ慄えている四肢を引き裂き合うのだった」

「このひどい供犠が終わると、あとはまたそれにふさわしい無礼講になるのがお互いの暗黙の決まりで、牛飲馬食がそのまま獣欲への興奮剤になるのだった」

「やがてある一定時期になると突然すべての灯火が消された。こうなるともう恥も外聞も吹っ飛び、本然の道徳心は忘れられて、ただ行き当たりばったりと兄弟と姉妹、母と息子、怖るべき近親相姦の乱交が夜の闇の中で行われるのだった」

時代が下って中世には、嬰児殺しの疑いをかけられたのはユダヤ人で、キリスト教徒は迫害する側に変わっていたが、大方の人間は1000年近く前の歴史を忘れており、根拠のない風説に踊らされるまま、自分の手を血に染めていた。

聖人の遺品には病気・怪我を治癒する奇跡の力が（聖遺物崇拝）

神の子イエスが最後の晩餐で使用した聖杯、十字架上のイエスの脇腹を貫いたロンギヌスの槍、イエスの顔を覆った聖骸布（せいがいふ）。しばしばミステリーや冒険物語の題材とされるこれらはすべて聖遺物と呼ばれている。

聖遺物の定義と分類に関しては、秋山聰著『聖遺物崇敬の心性史 西洋中世の聖性と造形』（講

サン・ピエトロ大聖堂にある聖ロンギヌス像
©Daikegoro/pixta

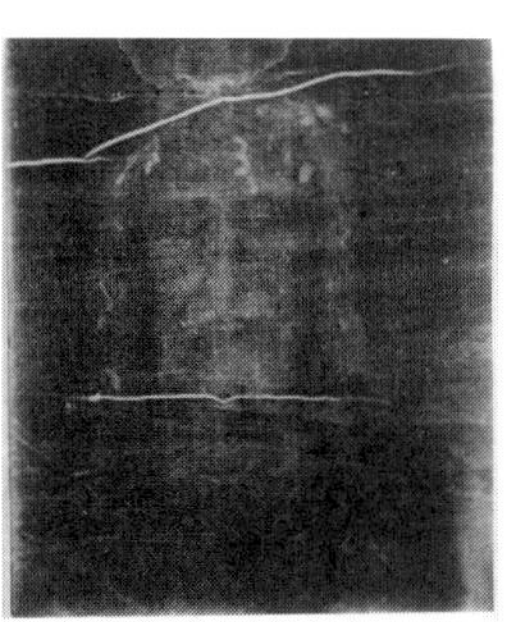
トリノの聖骸布

談社選書メチエ）にある説明がわかりやすい。それによれば、聖遺物は次の3種類からなる。

①　聖なる人の遺体、遺骨、遺灰等
②　聖なる人が生前に身にまとったり、触れた事物
③　①ないし②の聖遺物に触れた事物

ここにある「聖なる人」にはナザレ出身のイエスと処女懐胎をした聖母マリア、愛弟子である12使徒をはじめ、信仰のために命を落とした殉教者、キリスト教に大きな貢献をした教皇、司教、修道士などが含まれ、聖遺物とは彼らの遺体もしくは遺骨、遺灰および彼らが生前身につけた物や触れた物、遺体に触れた事物、その事物に触れた事物などからなる。

これら聖遺物には特別な力が宿ると考えられ、その

「聖杯」ダンテ・ゲイブリエル・ロセッティによる絵画

力をギリシア語では「デュナミス」、ラテン語では「ウィルトゥス」と言う。キリスト教は一神教のため、この力はあくまでも天上の唯一神に由来し、聖人と聖遺物は媒介との扱いだが、それだけにこの力はウイルスのように伝染すると考えられた。

　信者たちが聖遺物に期待したのは何よりも奇跡で、具体的には怪我や病気の治癒が断トツの一位だった。

　聖遺物を所持することは王侯貴族にとっては大変名誉なこと、教会にとっては来訪者や寄進の増加につながることから、とりわけ中世から近世には獲得競争が熾烈を極めた。

　聖遺物の入手方法は、新たに発見するか、購入するか、盗むかのどれかで、新たに発見されたものとしては、キリスト教を公認したことで知られるコンスタンティヌス1世の母ヘレナによる「真の十字架」の発見が挙げられる。

　13世紀にジェノヴァの大司教を務めたヤコブス・デ・ウォラギネ著の『黄金伝説』によれば、帝母ヘレナ（聖ヘレナとも言われる）は多忙なため動けない息子に代わり、イエスの磔刑に使用された十字架探しのために聖地エルサレムを訪れた。

　現地のユダヤ人は何とか言い逃れようとしたが、帝母から火炙りをもって脅されると恐れをなし、十字架の在処を知る唯一の人物を差し出した。この人物の名はユダ。ユダは知らぬ存ぜぬを通そうとしたが、涸れ井戸に投げ込まれ、食べ物を断たれること7日目、ついに観念して帝母を十字架の埋められている場所へと案内した。

果たして、そこから3つの十字架が発見された。イエスの磔刑時には強盗犯2人も処刑されているから、数も一致する。問題はどれがイエスの架けられた「真の十字架」なのかだが、帝母はたまたま通りかかった葬列を利用することにした。3本の十字架を順番に掲げ、どれを掲げたときに死者蘇生の奇跡が起こるか。それを判断材料にしたのである。

コンスタンティヌス1世の母、帝母ヘレナ

これにより「真の十字架」は特定されたが、帝母は他にも聖遺物があるはずとして探索を続け、イエスの手足に打ち付けられた聖釘、イエスの脇腹を貫いたロンギヌスの槍、聖母マリアがイエスを生む際に使用した飼い葉桶なども見つけ出し、持ち帰ったと伝えられる。

2番目の購入した例としては、16世紀のドイツ宗教改革に際し、マルティン・ルターを匿ったザクセン選帝侯のフリードリヒ3世が挙げられる。あの手この手で領内のウィッテンベルク城内教会に集められた聖遺物の数は1509年の段階ですでに5005点。1520年末には

フリードリヒ3世

1万8970点にまで増加していた。この途方もない数字は、教皇ユリウス2世に頼み込み、神聖ローマ帝国内の司教や諸侯に対して、それぞれの所有する聖遺物の一部をフリードリヒに率先して譲渡するよう推奨する勅書を発してもらったからこそ達せられたもので、個別に交渉したのでは、短期間でここまで数が増えるはずはなかった。

フリードリヒは聖遺物蒐集の目的を「領民の魂の救済のため」としている。実はルターが宗教改革の狼煙（のろし）を上げる以前、フリードリヒはより多くの贖宥（しょくゆう）状を得られるよう教皇庁に働きかけ、「1点につき100日と1クアドラゲネ（40日）の贖宥が得られる」とのお墨付きを得ていた。贖宥の日数が聖遺物の数によって加算される方式が認められたことで、フリードリヒの収集癖はさらに加熱した。

3番目の盗んだ例としては、福音書の記者にしてヴェネツィアの守護聖人でもある聖マルコの遺体が挙げられる。

聖マルコの遺体は永眠の地であるエジプトのアレクサンドリアに葬られていたが、同地は

『聖マルコの遺骸の発見』ティントレット作

641年以来、イスラム王朝の支配下にあった。遺体が冒瀆（ぼうとく）されることはなかったが、信仰心か功名心からか、その遺体を盗もうと企（たくら）む者が現われた。ヴェネツィアから来た2人の商人がそれで、最大の問題は港での税関検査をいかにくぐり抜けるかだったが、2人は聖マルコの遺体をイスラム教で禁忌とされるブタ肉の下に隠すことで無事に税関を通過。ヴェネツィアでは大変な熱狂をもって迎えられた。

『聖マルコの遺骸の運搬』ティントレット作

この遺体を安置する場所として創建されたのがサンマルコ大聖堂で、残念ながら聖マルコの遺体は現存しないようだが、宝物庫には十字軍が東ローマ帝国（ビザンツ帝国）の帝都コンスタンティノープル（現・イスタンブール）から略奪した物を中心に多くの聖遺物が保管されている。

最後に聖遺物と見なされたがゆえ、遺体の一部が食い千切られた例を挙げておこう。被害者は、戦国時代の日本を訪れたことでも知られるイエズス

フランシスコ・ザビエル

会宣教師のフランシスコ・ザビエルである。

ザビエルは中国広東省沖合いに浮かぶ上川島で病死したが、遺体はインドのゴアに運ばれ、1554年3月16日から3日間に限り、一般公開された。ここで事件が起きる。一人の婦人が右足の指2本を噛み切り、そのまま逃走したのである。ザビエルが亡くなったのは2年前の12月3日だから、ゴアで一般公開されたときにはすでに1年4カ月が経過している。聖人の遺体は腐敗せず、いつまでもよい香りを放ち続けると言われており、この婦人もそれを信じたからこそ、噛み切ると言う大胆な行動に出たのだろう。

悪魔と契約した者は火や水に入っても害を受けない

一神教の宗教では、神は唯一にして絶対不可侵。預言者も神に准ずる扱いだから、おかしな点があれば、その責は聖職者に帰せられた。神の意思を曲解して、信者をミスリードしたとの理由で。

けれども、キリスト教はユダヤ教の改革派としてパレスチナで産声を上げ、そこから哲学の本場であるギリシア・ローマ文化圏に広まった関係上、何事も論理的に説明する必要が生じ、論争に敗れたグループは異端の烙印を押された。

時代は下り、キリスト教が社会の末端にまで浸透した10世紀になると、教会が莫大な富を有することがざらとなり、その風潮に異議を唱えた聖職者、極端な禁欲主義に走る聖職者たちまでもが異端の烙印を押されるようになった。

カトリックの公式見解によれば、洗礼を受けた後、信ずべき真理を執拗に否定するか、その真理について執拗な疑いを抱くことを異端という。要は教皇庁の公式見解を受け入れず、独自の路線を歩む者すべてが異端とされたわけで、そのなかでも12世紀の南フランスではワルド派とアルビジョワ派（カタリ派）が大きな勢力と化していた。

教皇インノケンティウス3世（在位1198〜1216）は説得による解決を試みるが、特使が殺害されるに及んでは方針を改めざるをえず、アルビジョワ派の撲滅を聖戦と位置づけ、カペー朝フランス王のフィリップ2世や北フランスの諸侯に十字軍の派遣を命令した。

俗にアルビジョワ十字軍と呼ばれるこの戦いは十字軍側の完全勝利に終わり、アルビジョワ派は殲滅された。十字軍がとことん非情になれたのは、アルビジョワ派を悪魔の手先と見てい

カルカソンヌにおけるアルビ派の追放

たからで、当時の記録にも以下のような記述が見える。
「彼ら（異端者）はおのおの提灯を手にして指定の家に集合する。それから、いろいろな小悪魔の名を祈祷文を唱和するかのように呼びはじめる。すると突如、動物の姿をした魔王（サタン）が彼らの真ん中に姿を現わす。が、ふしぎなことに、その姿は彼らにしかみえないのだ」（森島恒雄『魔女狩り』岩波新書）

フィリップ2世はイングランド王を兼ねるアンジュー家（プランタジネット家）との戦いで手一杯だったため、当初は譜代の臣であるシモン・ド・モンフォールに代行をさせたが、アンジュー家との戦いが一区切りつくと、自ら積極的に参画した。それというのも、教皇の命令による聖戦という形式が渡りに船だったからである。

中世のフランスでは、王とは名ばかりで、カペー朝の始祖ユーグ・カペーの所領はパリとロワール河中流北岸に位置するオルレアンを結ぶ点と線の地域にすぎなかった。それ以降、少しずつ所領の拡大に務めたが、王が諸侯に課すことができた封建義務としての従軍は40日間を限度としていたため、往復するだけでかなりの日数を要する南フランスには手を出せずにいた。

ところが、教皇の命令による聖戦となれば話は別で、日数に限りなく、戦争終結まで諸侯を縛ることができる。アルビジョワ十字軍で一番得をしたのはフィリップ2世だった。

シモン・ド・モンフォール

フィリップ2世

異端を利用したフランス王はフィリップ2世だけでなく、5代の子孫にあたるフィリップ4世(在位1285～1314)はより露骨だった。当時のパリでは十字軍騎士団の生き残りであるテンプル騎士団が大きな力を持っていたが、財政難に陥っていたフィリップ4世は同騎士団を異端として取り潰すことで、その莫大な財産すべての応酬を目論んだのである。

テンプル騎士団最後の総長
ジャック・ド・モレー

極秘裏に手配を進め、フランス全土に散らばる騎士団領に対していっせい検挙の措置が施されたのは１３０７年10月13日早朝のこと。騎士と従士をあわせ、検挙された者の数は数千人に及んだ。逮捕された騎士たちに待っていたのは情け容赦のない拷問で、パリで逮捕された１３８人のうち36人が痛みに耐えかねて絶命した。

誰もがそれに耐え切れず、審問官から求められるまま以下の行為を自白した。

●入会式にあたり、磔刑の彫像が刻まれた十字架に三度唾を吐きかけた
●裸体にされ、古参騎士の背、へそ、唇の３カ所にキスをした
●会場に現われた猫に向かって礼拝をした
●邪淫によって生まれた新生児を火であぶり、その膏（あぶら）で軟膏をつくり、それを偶像に塗って礼拝した

これらの自白内容は、のちの魔女裁判でなされた自白と驚くほど酷似していた。

異端審問と魔女裁判は混同されがちだが、中世の魔女裁判は異端審問の一部扱いで、件数も少なかった。異端審問とは別個に扱われるようになったのは15世紀後半のことで、それより前の１４３１年に実施されたジャンヌ・ダルクの裁判は異端審問として始められながら、魔女として刑が執行されるという、いささか奇妙な例であった。

英仏百年戦争の最中、風前の灯火（ともしび）と化したヴァロワ朝フランスに、神のお告げを受けたと称

して現われた不思議な少女。それがジャンヌ・ダルクだった。

ジャンヌが従軍してからというもの戦況は大きく変わり、王太子シャルルはランスで正式な戴冠式を挙行することができた。

けれども、その頃からジャンヌは神の声が聞こえなくなっていた。それでも従軍を続けたところ、イギリス軍と同盟関係にあったブルゴーニュ軍に捕らえられ、イギリス軍の手に引き渡された。

当時の倣いとして、戦争捕虜を殺すことはなく、身代金が支払われれば、即座に釈放するのが当たり前だった。だが、一番恩恵を受けたはずのシャルルは、ジャンヌはもはや用済みと判断してか、まったく動こうとしなかった。

ジャンヌ・ダルク

イギリス軍はジャンヌの処分を自分たちの統制下にあり、神学の権威でもあるパリ大学に託した。戦争捕虜に直接手を下すことはできないが、異端審問で死刑判決が出れば、その限りではなかったからだ。

戦局をイギリス軍の不利に傾けた調本人だから、どんな手段を駆使してでも抹殺したい。非常にわかりやすい論理だが、イギリス軍はジャンヌを単なる火刑で終わらせず、遺灰をセーヌ川に捨てている。憎悪の念だけでは説明がつかず、ジャンヌに備わる不思議な力への恐怖が、イギリス軍をそこまで駆り立てたように思えてならない。

マニュアル化された魔女の見分け方

「魔女狩り犠牲者にスコットランド首相が正式謝罪」

これはAFP通信社が2022年3月20日に配信した記事の見出しで、同記事によれば、「スコットランド自治政府のニコラ・スタージョン首相は議会で、魔女狩りは〈途方もない規模で行なわれた不正義〉であり、〈動機の少なくとも一部には文字通りのミソジニー、女性への憎悪があった〉と述べたという。

同記事はこれに加え、2年前に「スコットランドの魔女たち」という団体を立ち上げた弁護士のクレア・ミッチェルとゾーイ・ベンディトッツィのコメントとして、スコットランドでは16世紀から18世紀にかけて、魔術を使ったとして告発された4000人のうち2500人以上が処刑され、そのうち8割が女性であったこと、入れ代わり立ち代わり尋問され、何日も睡眠を許されず、

ニコラ・スタージョン首相（スコットランド政府首相、2023年当時）

拷問で「悪魔と踊り、悪魔と性行為をした」との自白を強要されることが多く、大半は絞首刑の後、遺体を焼かれたこと、スコットランドでは1563年に魔術禁止法が制定されたことなどについても語っている。

1563年と言えば、まだイングランドとスコットランドは別個の王を戴き、魔女の迫害状況は好対照だった。コモン・ロー（慣習法）に従い、異端審問制度を採り入れず、拷問の禁止も徹底されていたイングランドでは非常に少なかったのに対し、拷問が合法化され、司法訓練も経験もない地方権力に裁判が委ねられていたスコットランドでは魔女狩りが猖獗（しょうけつ）を極めた。1603年のエリザベス1世の死によりテューダー朝が途絶え、それ以降はスコットランドとイングランドは共通の王を戴くが、法体系は別個のまま。スコットランドでは1736年まで魔術禁止法が有効だった。

スコットランドは古代ローマ帝国由来のローマ法と教会法から特定の要素を取り入れていたが、それは北欧以外の大陸諸国も同じこと。魔女狩りの本格化は、教皇ヨハネス3世が1318年にフランスの高位聖職者宛てに発した教書、通称「魔女狩り解禁令」をきっかけに始まり、1486年に『魔女への鉄槌』というマニュアルが出版されたことで一気に加速した。

同書の著者はインスティトリスとシュプレンガーというドミニコ会修道士にして異端審問官でもあるドイツ人2人で、ケルン大学神学部と神聖ローマ皇帝マクシミリアン1世、教皇インノケンティウス8世からお墨付きを得ていたこともあり、爆発的にヒットした。

肝心の内容は三部構成で、第一部は「妖術に必要な三要素、悪魔、魔女、および全能の神の許可について」と題して悪魔と魔女による妖術の数々、第二部は「魔女が妖術を行なう方法、および、その方法を無効ならしむる手だてについて」と題して魔女による妖術の具体的なやり方とそれへの対抗策、第三部は「魔女及びすべての異端者に対する教会ならびに世俗双方の法廷における裁判方法について」と題して魔女裁判の訴訟手続きや証言の取り扱い、拷問の手口、自白をさせる高等テクニックなどが事細かに記されていた。

この『魔女への鉄槌』で最も重要なことは、古代以来の魔女の定義が一新された点にある。薬草に関する知識が豊富で産婆術にも長けた妖術使いから、悪魔と契約を結んだ異端者へと格上げされたことで、それまでは個々の犯行の軽重に従って量刑が宣告されたのが、悪魔との結託が明らかになれば、問答無用で死刑判決が下され、火炙りまたは絞首刑で息絶えた後の火炙りへと変わったのである。

悪魔との結託をどう証明するか。最も重要視されたのは自白で、悪魔との契約の印として、悪魔との性交に際して付けられたマークがそれに次いだ。

マークには定まった形状がなかったが、針やメスを突き立てても痛くない無痛点と考えられていたため、探すのは容易だった。全身の体毛を剃り上げて後、上から下まで順番に突き立てていけばよかったのだから。骨に届くほど深く突き刺したから、痛くないはずはない。痛みを感じない場所がないときは、血の出なかった場所がそれとされた。

魔女狩り

マークの存在だけで死刑判決が下ることはなかったが、裁判官に有罪を確信させるには十分で、原則として拷問を禁じていたドイツやフランスでも、裁判官が確信を得られた場合のみ、自白を得るための拷問が許されており、ドイツでは1532年に成立した神聖ローマ帝国最初の統一刑事法典「カール5世の刑事裁判令(カロリーナ)」のなかで、成文化までされていた。

拷問は手段であって目的ではないから、拷問を始めるにあたってはそれなりの段取りがあった。まずは口頭で拷問にかけることを告げ、次に被疑者を裸にして拷問具を見せつける。それでも自

水責め椅子につるされる女性

火刑にされるジャンヌ・ダルク

白をしなければ、隣室で拷問を受けている者の苦痛の叫びや呻き（やらせだが）を聞かせ、拷問具を被疑者の身体に当てる。これでもまだ自白をしなければ、いよいよ本格的な拷問の開始となる。

15世紀以前から実施されていたものでは、四肢引き伸ばしや締め付けなどが挙げられる。これらは被疑者が自白をした場合、すぐに中止するか拷問具を緩められるものなので、比較的優しいものと言える。これで自白しなければ、次には爪剝ぎや木馬、釘椅子、棘のベッド、棘付きの鞭打ち、水責め、火責めなど、普通の人間には酷すぎる拷問が待ち受けていた。

これでは冤罪しか生まれなさそうに思えるが、悪魔の助けを得られる魔女は痛みに耐性があるから、段階的に強化していかないことには自白が得られない。それが当時の魔女狩りを肯定する人びとにとっての常識だった。

気候不順から不作、不妊、病気まで、すべては魔女の仕業?

薬草に関する知識が豊富で産婆術にも長けた妖術使いから転じて、15~18世紀の魔女は悪魔との契約、サバト(魔女集会)、空中飛行、動物への変身がお決まりのパターンとなった。

サバトが開催される場所と日時は地域によって異なるが、夜間という点は一致している。家人が寝静まってから、気づかれないように窓や煙突から外へ出るのだが、用心のため、自分の身代わりとして藁屑や布屑を詰めた人形を寝かせておくこともあれば、熊手や箒、木切れ、柴の束を置いておくこと、何らかの薬を飲み物に混ぜ、家人を深く眠らせておくこともあった。

会場までは棒や農具の二又に乗るか、動物に変身して走っていくかしたが、どちらの場合でも悪魔からもらった膏薬を全身に塗り、またがる飛行具にも同じ膏薬を塗った。この膏薬は悪魔とセックスをしたときに贈られるもので、材料は腐肉や有毒で幻覚作用のある薬草、殺した嬰児の脂や肝臓、ヘビ、カエル、髪の毛、経血、ヤツガシラ、コウモリの血、鐘の削り屑、煤、カエルの涎などからなり、冥界につながる洞窟やサバトの会場で作られたという。

会場には牡ヤギや犬、黒猫の姿をした悪魔が玉座について待ち受けており、魔女たちは順番に悪魔の前に進むと、膝を折って礼拝し、「地獄にましますわれらがサタン様」と挨拶をした後、捧げ物の献上を経て、肛門や性器にキスをすることで臣従の意を示した。新参者の場合は十字架を踏みにじり、唾をかけることで、キリスト教との決別を明示した後、聖油と精液を混ぜたもので洗礼を受けるのが習わしだった。

臣従の儀式は黒ミサをもって終わり、次は饗宴である。嬰児の肉などが振る舞われる宴会、ダンスと続き、締めは悪魔や悪霊、色魔（最下級の小悪魔）を交えての乱交で、悪魔のペニスは木のように固くて氷のように冷たいため、魔女にとっては大きな苦痛でしかなかったが、これも契約の一部のため、拒むことはできなかった。

サバトや空中飛行自体は人間に害をもたらすものではないが、魔女は悪魔との契約に従い、妖術を駆使して人間や動物・植物に害悪を及ぼすと信じられた。これを害悪魔術と言う。

人間に及ぼす害悪とは病気や怪我のことで、疫病はもとより、リューマチや癲癇のような日常生活に支障を来す病気から頭痛や下痢のようなありふれた症状までが魔女の仕業、いまだ乳幼児の死亡率の高い時代であれば、それまた魔女の仕業、昨日まで健常だった男性が突如として性的不能に陥れば、これまた魔女の仕業とされた。人間への呪いは呪文を唱えるだけでもかけられるが、呪いの対象に見立てた蠟人形やヒキガエルを針や釘で傷つければ、ピンポイントで効果が出せると考えられた。

サバトに集う悪魔と魔女を描いた絵画

『サバトのダンス』（エミール・バヤール、1870 年）

『サバト』（ヨハネス・プレトリウス、1668 年）

『サバトに赴く魔女たち』（ルイス・リカルド・ファレーロ、1878 年）

『魔女の夜宴』（フランシス・デ・ゴヤ、1789 年）

年季の入った魔女はなおのこと恐ろしい。彼女らであれば呪文や呪具がなくとも、肉体それ自体が呪具と化し、邪視を発するか息を吹きかけるだけでも、人に危害を加えうると考えられた。底知れぬ闇に落とすこともできれば、正気を失わせることも、命を奪うことさえできると。

魔女の呪力は家畜に対しても有効で、家畜の病気や怪我、不妊、牛の乳の出が悪い、鶏が卵を産まない、突然の変死などは魔女による呪いか、魔女に毒を盛られたからと考えられた。現代の鳥インフルエンザや豚インフルエンザに該当する疫病が流行すれば、それも魔女の仕業とされたはずである。

黒ミサには必ず淫行が伴った

人間にも家畜にも有効なその毒は薬草やヒキガエル、昆虫のクモなどから作られ、標的の食べ物に混入させることもあれば、着衣に振りかける、素肌に塗る、畑や果樹園に撒くこともあり、家畜であれば餌に混ぜるか放し飼い場所に撒けば十分効果が期待できた。

誰にも気づかれることなしに毒を撒くことは、魔女にとっては難しいことではなかった。人間の姿では難があるが、動物に変身してしまえば問題ない。さすがにヤギや牛では大きすぎて目につくが、虫やネズミであればどこにいてもおかしくなかったからだ。

害悪魔術の対象には植物も含まれるが、農作物となると話は別で、天候魔術なるものが想定された。旱魃（かんばつ）や長雨、大雨、強風、冷害などによる不作、飢饉などはすべて天候魔術により引き起こされると考えられ、これと言った防御手段がないなか、暴風雨だけは教会の鐘の音が有効とされ、天気が大きく崩れそうな日は、司祭や鐘楼守は外出を控えるか、外出するにしても、四六時中空模様を気にかけ、いつでも飛んで帰れる心積りでおらねばならなかった。

ヨーロッパ中で魔女狩りが全般的に荒れ狂った1560〜1630年頃、1660〜1670年代はどちらも小氷期のピークで、農作物の生育や人間の健康に深刻な影響を及ばずにはおかなかった。同時期は黒死病（ペスト）の流行も散発的に起こり、常にどこかで宗教戦争が継続中など、社会不安が幾重にも重なった時期にもあたる。

不作と飢餓に苦しむ人びとは怒りの矛先を欲していたが、戦争をしたいわけでなく、報復されるのも御免だった。そんな彼らにとって、魔女という存在はスケープゴートとしておあつらえ向きだった。不謹慎な言い方になるが、狂気には違いないにしても、魔女狩りは時代の要求に従った社会現象だったのかもしれない。

宗教改革者マルティン・ルターも悪魔の実在を信じていた！

中世から近世のヨーロッパでは魔女の存在が信じられていた。魔女は悪魔の手先であるとも。つまり、悪魔の存在も信じられていた。

16世紀ドイツの修道士で、ヴィッテンベルク大学神学部教授だったマルティン・ルターはドイツ宗教改革の口火役を担った人物だが、このルターも悪魔の実在を信じて疑わない一人だった。

教皇と教皇庁を批判してやまないルターはヴォルムス帝国議会で審問を受け、帝国からの追放宣告を受けた帰途、ザクセン選帝侯フリードリヒ3世の命により、人里離れたヴァルトブルク城に匿われた。

マルティン・ルター

当時のドイツは統一国家ではなく、領邦国家の連合体で、選挙で選ばれた君主がドイツ王となり、共通の敵に対する戦いに際して、全軍の指揮を執ることになっていた。ドイツ王が教皇かその特使から戴冠されれば、肩書は神聖ローマ帝国皇帝となる。

ルターの発言が問題化したときの皇帝はハプスブル

ク家のカール5世で、その時点のカールはカトリックの守護者を自任し、明らかに教皇庁寄りの姿勢をとっていた。

一方、ドイツの諸侯は皇帝の権限が強くなるのを好まず、宗教税（十分の一税）が自分たちを素通りして、直接、教皇庁に送金されることを搾取と受け止め、皇帝と教皇庁の双方に対して不満を募らせていた。そんな彼らにとって、教皇と教皇庁の権威を否定するルターは、すこぶる利用価値のある人物だった。

ザクセン選帝侯フリードリヒ３世

このような背景のもと、ザクセン選帝侯はルターの保護に乗り出したわけだが、皇帝に正面から歯向かうのは時期尚早との判断から、山賊による拉致誘拐を装った。

かくしてルターは１５２１年5月から翌年3月までの10カ月間、ヴァルトブルク城の一室で聖書のドイツ語への翻訳作業に没頭したが、その最中ルターは悪魔の妨害に悩まされた。ある夜には悪魔がクルミの実を床に落とす音で目が覚め、部屋の隅に悪魔の姿を確認すると、思わずインク壺を投げつけたと伝えられる。

ルターは生まれつき病弱で、修道院で過ごす間にも頭痛や耳鳴り、頭痛などに悩まされ、教授として教える立場になってからは、これに全身の倦怠感、突然の大声、意識を失うレベルの痙攣が重なり、宗教改革の烽火を上げてからはさらに便秘が加算された。現代医学の目を通せば、これらの症状から、双極性障害とそれに伴う様々な合併症が考えられるというが、悪魔の実在を大前提としたルターとしてみれば、それは悪魔の仕業以外の何物でもなかった。

悪魔祓いと言えば、『旧約聖書』外典の「トビト記」には、天使のラファエルがユダヤ人のトビアスにやり方を伝授した話が見える。トビアスがまだくすぶっている香の灰の上に魚の心臓と肝臓を置いて煙を出したところ、悪魔はあまりの悪臭に堪らず、トビアスの恋人サラの肉体から離れ、遠くエジプトの地まで逃げていくが、そこでラファエルに捕縛されたという内容である。

さらに『新約聖書』では、ナザレ出身のイエスがいとも簡単に悪魔祓いを行なった上に、「イエスは十二人を呼び集め、あらゆる悪霊を追い出し、病気を癒す力と権限をお授けになった」(『ルカによる福音書9・1』)と、その能力とやり方を高弟たちに伝授した話が見える。

これらの記述を根拠として、カトリックでは341年に悪魔祓いを公認した。以来、悪魔祓いの儀式も確立されたが、従来の教会組織や聖書解釈、聖書に裏付けのない儀式を否定するルターがそれに倣うわけにはいかなかった。「聖書のみ」「信仰のみ」を謳ったルターの立場であれば、『新約聖書』の一節、特にイエスが悪魔に対して発した言葉を唱えるのが最善と思われるが、

『トビアスと天使』ヴェロッキオ作

ヴァルトブルク城にいたときのルターはまだ思想形成の途上だったせいか、信仰に由来する言葉より先に手が動いてしまったようである。

ルターは魔女に関しても、これを悪魔の手先とする概念を受け入れながら、それ以上に『旧約聖書』の以下の記述に忠実だった。

「呪術を行なう女を生かしておいてはならない」(「出エジプト記」22・18)

「あなたの中に、自分の息子や娘を火にくぐらせる者、占い師、卜占する者、まじない師、呪術師、呪文を唱える者、口寄せ、霊媒、死者に伺いを立てる者などがいてはならない」(「申命記」18・11)

「男であれ女であれ、霊媒や口寄せをする者は必ず死ななければならない。その者らを石で打ち殺さなければならない。血の責任は彼らにある」(「レビ記」20・27)

つまり、害悪魔術や天候魔術に対する断罪ではなく、悪魔と契約を結び、呪力を得たことそれ自体を重大な罪としたのだった。

ルターが匿われていたヴァルトブルク城の部屋（著者撮影）

晩年のルターはさらに一歩進んで、害悪魔術や天候魔術を迷信の域に追いやり、あらゆる災いの原因を神に求めた。神から課せられた試練との解釈である。

ルター死後のプロテスタント諸派でもこの考えは踏襲され、ついには憑依と悪魔祓いを廃止するに及んだが、他人に害を与えようとする犯意を罰する形で、魔女狩りはなおしばらく継続された。

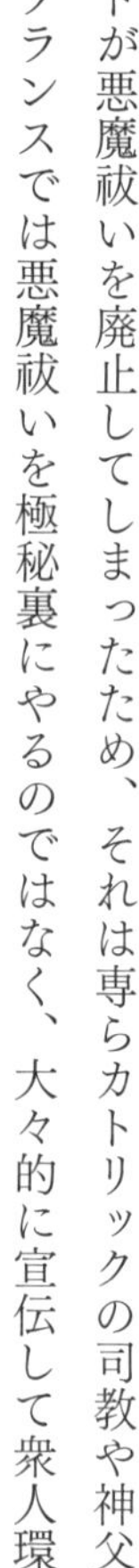

フランスの黒ミサ事件、ロシアの貧困魔女

プロテスタントが悪魔祓いを廃止してしまったため、それは専らカトリックの司教や神父の仕事となるが、フランスでは悪魔祓いを極秘裏にやるのではなく、大々的に宣伝して衆人環視

のなかで実施したことがあった。1632年のルーダンの悪魔憑き事件がそれである。

ルーダンはフランス南西部の地方都市。同地で主任司祭を務めるユルバン・グランディエは大変な美貌の持ち主で、倫理を説く立場にありながら、良家の少女に片端から手を付け、町の有力者たちから反感を買っていた。

若い娘なら来る者は拒まず、そうでない女性は選り好みをしたのか、ユルスリーヌ女子修道院の院長ジャンヌ・デ・ザンジュから求愛されたとき、あっさりと拒絶してしまった。

それからというもの、院長がグランディエを恨むこと尋常でなく、後日、院長と17人の修道女が集団ヒステリーに陥り、悪魔祓いが行なわれたとき、彼女らは口々に、自分たちは悪魔に取り憑かれており、グランディエがその悪魔だと証言した。

かくして拷問にかけられたグランディエは魔女を支配する悪魔であると自白。6000人もの観衆が見守るなかで火炙りに処された。修道女たちには悪魔祓いが必要と言うので、こちらも公開で行なわれたが、悪魔祓いに対して必死に抗おうとする彼女らの姿態は非常にエロチックで、国内外から多くの見物客が訪れることとなった。

ユルバン・グランディエ

ルーダンの悪魔憑き事件とは性格を異にするが、当時のヨーロッパでは悪魔崇拝に走る者もいて、「太陽王」の異名を取ったルイ14世（在位１６４３～１７１５）時代のフランスで暗躍したラ・ヴォワザンという女性もその一人だった。

ラ・ヴォワザンは宝石商の夫のおかげで有閑生活を送るようにみせながら、裏では毒薬・媚薬・堕胎薬の製造販売を行ない、依頼があれば毒殺や黒ミサにも手を染めた。

ひそかにラ・ヴォワザンのもとを訪れる人物は例外なく切実な悩みを抱えていた。離れてしまった男性の心を取り戻したいという女性も少なからず、フランソワーズ・モルトゥマールもその一人だった。

闇の商売人ラ・ヴォワザン

彼女の通り名はモンテスパン侯爵夫人。ルイ14世の公式寵姫である。公式寵姫はフランスにのみ設けられた制度で、要は側室の筆頭である。カトリックは君主にも一夫一婦制を科しているから、そこで齟齬（そご）が生じないよう、苦肉の策として設けられた肩書だった。

公式寵姫に選ばれるのはいずれ劣らぬ美女ばかり。フランソワーズはそれに加え、金髪と青い瞳、豊満な肉体、才

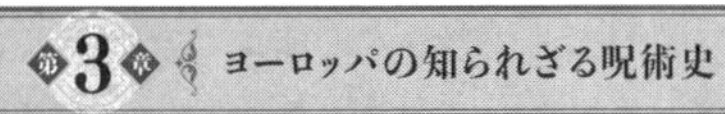

モンテスパン侯爵夫人フランソワーズ・アテナイス

気煥発にして優れた話術、辛辣ながら機知に富むユーモアのセンスをも兼ね備えていた。

けれども、どんな美女でも加齢には勝てず、合計9回も出産しては体形を維持するのも無理な話で、容色の衰えはそのまま失寵につながった。

尋常なやり方ではどうにもならず、何とかルイ14世の寵愛を取り戻したいフランソワーズは藁にも縋る思いで、ラ・ヴォワザンに黒ミサを依頼した。祭壇の上に全裸で横たわり、殺して間もない嬰児の血を全身にかけてもらったのだが、当然ながら何の効果も表われなかった。

1679年、一人の女占い師が毒殺請負の容疑で逮捕され、彼女の自白からラ・ヴォワザンが大元であるとわかり、ラ・ヴォワザンの下請けや顧客を含め、逮捕者の数は360人にも及んだ。ルイ14世は事の重大さに鑑みて特別審問会を設置。徹底的な捜査を命じたが、調べが進むとともに、警視総監が妻によって毒殺されていたこと、名だたる貴婦人の多くがラ・ヴォワザンの顧客であること、そのなかにフランソワーズも含まれていることがわかった。

報告を受けたルイ14世は特別審問会の廃止を決め、捜査関係の書類はすべて焼却。ラ・ヴォワザンなど火刑に処す者は最小限に留め、事件の幕引きを急いだ。そのおかげでフランソワーズは逮捕も処刑も免れ、引き続き宮廷に留まることを許されたが、ルイ14世の寝室から遠く離れた部屋に移されるなど、本来意図した展開とは逆の結果になってしまった。

フランソワーズが巻き込まれた事件では、ラ・ヴォワザンが魔女の役割を果たした。けれども、魔女は女性とは限らず、それどころか17世紀の裁判記録を調べた研究によれば、呪術関連の被告人４９５人のうち男性が３６７人を数えたのに対し、女性は１２６人にすぎなかった。

ロシア語で魔女を指す言葉は、「知る」という単語を語源としており、魔女とは「秘密の知識を有する者」に他ならなかったが、魔女にできることは呪術医療、呪い、愛憎の操作、予言、遺失物の捜索、窃盗犯の特定などに限られ、天候魔術もできなければ、空中飛行やサバト、悪魔の召喚、悪魔に生贄（いけにえ）を捧げたとする記録も見られない。

ルイ14世

悪魔と契約することなく魔女となる方法。それは異界の存在と交流することによって可能とされた。異界からの訪問者に伝授してもらうわけで、比較的容易なせいか、ロシアでは魔女に対する報酬の相場が低く、呪術専業では食べていけないレベルだった。

害悪魔術は施せるが、人の命を奪うほどではなく、そのせいか魔女として訴えられても火炙りにされることは稀で、重くても鞭打ちかシベリア流刑がせいぜいなところ。一般の刑法犯と変わらなかった。

拷問には四肢の引き伸ばしが用いられたが、これまた一般の刑法犯にも科せられるもので、魔女に対する特別な拷問や処罰は存在しなかった。火炙りには柱に縛り付けるのではなく、木枠に入れる方法が取られたが、これも異端に対するものと同じだった。

呪術によって富を築くこと叶わず、食うや食わずで最底辺の生活を送る。それこそロシア史上における魔女の実態だった。

ジャパニーズ・ホラーの幕開け（小説は1991年、映画は1998年）

呪いのビデオ。それを見た者は一週間後に死ぬ。回避するには第三者にそのビデオを見せるしかない。呪いをかけられた瞬間から、写真上の顔面が歪み、死体の面相もありえないレベルに歪むため、葬儀では最後の対面さえ憚られる。

鈴木光司の出世作『リング』の単行本が発売されたのは1991年、文庫化されたのは1993年のことで、松嶋菜々子を主演に待望の映画化がなされたのは1998年のことだった。単行本発売時の初動は鈍かったが、口コミで徐々に売れ行きが伸びる。発売からわずか2年で文庫化という流れは、内容が上出来でないとありえない展開だった。

小説版がミステリー重視なのに対し、映画版はホラー・オカルト色が濃厚となり、視聴者を怖がらせる工夫が随所に施されている。たとえば、ビデオを見終わった直後の予告電話。誰もが条件反射で、身体をびくつかせたのではないか。この電話の有無が呪いのメカニズムを解明する大きな手掛かりとなる。

また、第三者にビデオを見せれば、呪いを回避できるというのは恐ろしい設定である。間接的とはいえ、親しい人間を殺してしまうのだから。ある意味、この設定こそ、同作品中で一番

の恐怖かもしれない。

登場人物のなかではやはり、念じるだけで人を殺すことができる超能力者、山村貞子の存在が際立っている。

映画では最後の最後にテレビの画面から姿を現わすが、それまでは回想シーンで登場しながら、長い髪の毛に隠れて、素顔は見えないまま。実に巧みな演出である。

山村貞子には複数のモデルがいたと言われている。透視能力と念写能力を持つとされた長尾郁子と高橋貞子、優れた透視能力から「千里眼」のあだ名で呼ばれた御船千鶴子(みふねちづこ)の3人である。この3人を見出したのは東京帝国大学助教授・心理学者の福来友吉(ふくらいともきち)で、映画でも描かれていたように、福来は明治の末から大正時代にかけて、著名な学者立ち合いのもと、何度か透視・念写の実験を行なっている。

だが、世間では福来や御船らをペテン師と指弾する声が強く、御船はストレスに耐え切れずに自殺、福来はそれまでの言動と1914年に出版した『透視の念写』の内容が問題視され、大学から事実上の追放処分を受けた。

このような史実を念頭に入れておけば、『リング』の面白さは倍増する。2002年にはアメリカでリメイク版が製作され、けっこうな成功を収めた。これを機にジャパニーズ・ホラー

がリメイクという形で、続々とアメリカへの進出を果たしたのだから、映画『リング』の成功は大きな分岐点だったと断言できる。

第4章 日本の歴史ある呪術史

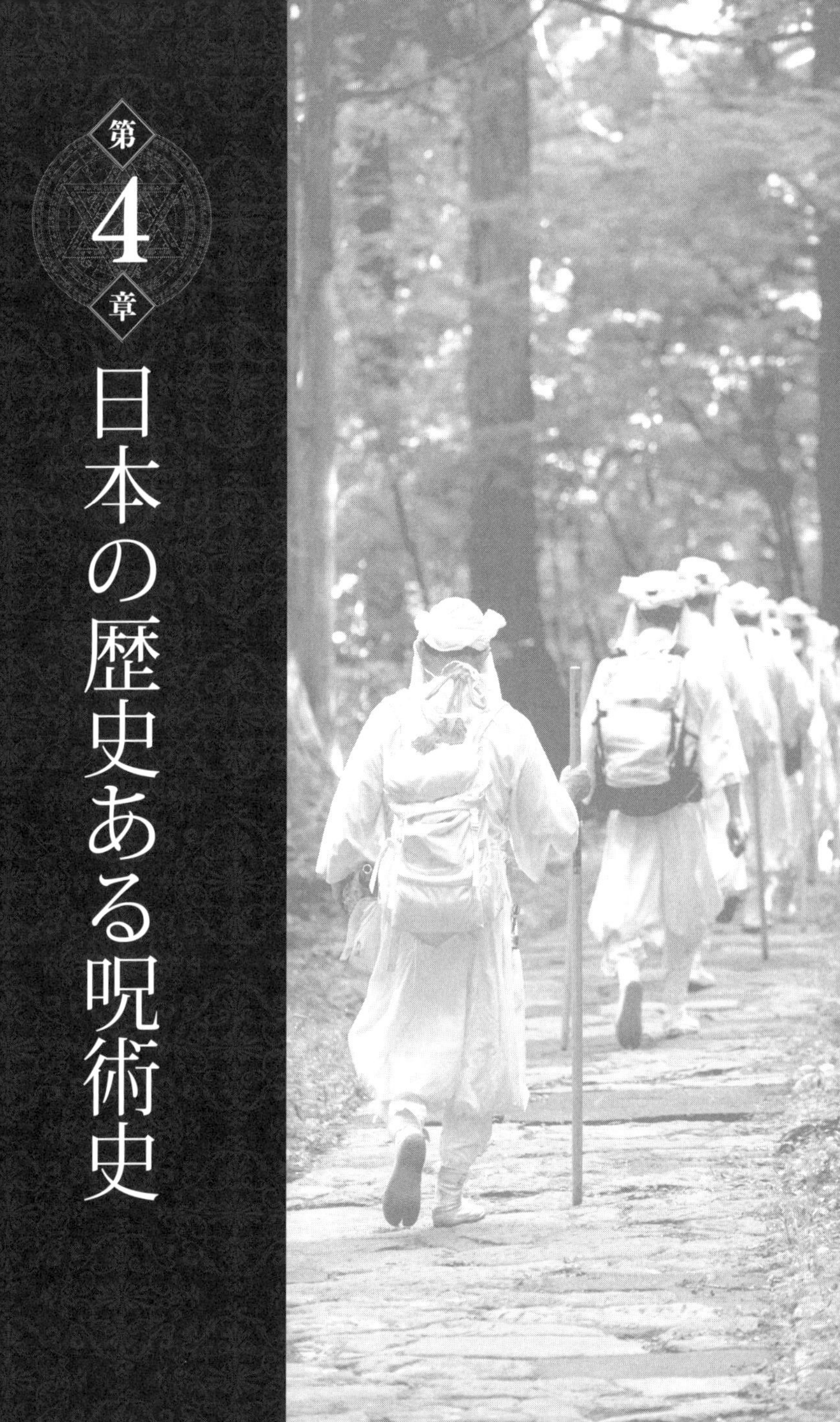

鬼神を使役。葛城山の役小角

日本の歴史書には卑弥呼の名が登場しない。そのため文献上で確認できる最古の呪術師は役(えんの)小角(おづの)となる。

役小角は7世紀後半の人。役行者、役優婆塞(えんのうばそく)とも呼ばれる。葛城山に住み、鬼神を使役して水を汲ませ、薪を集めさせた。鬼神が従順なのは、命令に従わねば呪術によって縛られ、動きを封じられてしまうからだという。

日本最古の呪術史、役小角

役は珍しい姓だが、ウェブサイト「名字由来net」によれば、全国順位2万４６７８位の姓で、現在も全国でおよそ１５０人数えられる。また１９４４年に刊行された『姓氏家系大辞典』によれば、役氏は賀茂役君(かものえのきみのうじ)氏の略で、大和国葛城を発祥の地とする賀茂氏の一族である。京都の賀茂別雷(かもわけいかづち)神社（上賀茂(かみがも)神社）と賀茂御祖(かもみおや)神社（下鴨(しもがも)神社）を創建したのは別系統の賀茂氏のようだが、のちに朝廷の陰陽寮(おんみょうりょう)で陰陽頭(おんみょうのかみ)を務め、安倍晴明(あべのせいめい)の師となる賀茂忠行は葛城の賀茂氏の後裔なので、役小角と陰陽師の賀茂家は同族とみてよい。

役小角は修験道の開始ともされるが、平安時代初期に成立した『日本霊異記』には、生まれながらに博学で、岩窟に籠もって修行を積んだ結果、孔雀明王の呪術を修得し、鬼神を使役できるようになったとある。

ここに出てくる孔雀明王とは、鳥の孔雀が害虫や毒蛇を食べ、人間をその害から守ってくれることから、貪り、怒り、無知の「三毒」除去の功徳、雨を予知する能力があるというので雨乞いの功徳もあると考えられた。穏やかな慈悲深い表情を浮かべ、優雅な姿で孔雀の上に乗った姿で描かれるが、あらゆる毒を喰らい尽くす猛々しい一面を有する。それだけの呪力を持つなら、鬼神を使役するくらいお手のものと考えられたのだろう

国宝　絹本著色孔雀明王像（東京国立博物館）。あらゆる毒を除いてくれる

のちに安倍晴明が使役した式神は普通の人の目には見えない存在だったが、役小角の鬼神は誰の目にも見えたようで、前鬼と後鬼という夫婦の鬼神とする伝承もある。それはともかく、役小角が使役した鬼神は、仏教の眷属神である護法の類と

考えられる。人間の童子や鳥、動物の姿で語られることが多いため護法童子（ごほうどうじ）とも呼ばれ、怪力や俊足、飛行能力に加え、修行者や山伏の身の回りの世話もすれば、他人に憑依することもあるなど、その属性は多岐にわたった。

歴史書の『続日本紀（しょくにほんぎ）』によれば、役小角は６９９年に伊豆島へ流され、これを最後として歴史書から姿を消すが、『日本霊異記』は夜になると駿河国の富士山に登って修行を重ね、ついには空を飛べるようになり、新羅（しらぎ）や唐とも往来したとも記す。

ここまでいくと完全に人間の域を超えているが、修験道や山岳信仰の開祖であれば、そのくらいでないとありがたみが薄かったのかもしれない。

常人から見れば、険しい山中で修行を積む彼らは、それだけでも人間の域を超え、不思議な力を有していてもおかしくない存在。さまざまな尾鰭（おひれ）が付加されるのも無理はなかった。

役小角と陰陽師の賀茂家が同族であるなら、賀茂家とその弟子筋の安倍家が陰陽寮の要職を独占できたのもわかる気がする。

日本の陰陽道は単なる占いに始まりながら、暦の製作、祈祷、祭祀へと間口を広げ、平安貴族の生活に欠かせない技能となった。陰陽道の元となる諸思想が日本にもたらされたのは６世紀のこと。日本最古の歴史書『日本書紀』によれば、中国大陸から直接来たのではなく、朝鮮半島南東部に割拠した百済からの伝来だった。

百済からもたらされた物は無形の文化だけではない。『日本書紀』の崇峻天皇元年（588）3月の条には、百済からの贈物一覧に僧侶や仏舎利、寺工（寺院建築の技術者）、鑪盤博士（仏塔頂部の技術者）、画工（仏画を描く技術者）などと並んで、瓦博士の名が見える。仏教寺院の建築と内装に必要な人材が一通り派遣されてきたわけで、日本の瓦の歴史もここに始まる。

この瓦博士たちが最初に手掛けたのが現在の奈良県明日香村にある飛鳥寺だが、創建当時の建物が失われたため、どのような装飾だったかまではわかっていない。

したがって、現存する最古の鬼瓦は聖徳太子が建立した斑鳩寺で、鬼ではなく、蓮の花をデザインした複数蓮華文が採用されていた。奈良文化財研究所の岩戸晶子主任研究員によれば、「いわゆる角が生えた般若のような恐ろしい鬼の姿になるのは室町時代から。古代は聖なる獣のイメージです。〈鬼神〉として風雨を避ける役目とともに、邪を祓って災厄から建物を護ってくれていました」（「日本美を守り伝える〈紡ぐプロジェクト〉公式サイト」より）とのことである。

鬼瓦より少し遅れて、平安時代後半には大きな神社の入り口に狛犬が置かれるようになった。これは聖域への邪気の侵入を防ぐ役割を担い、一つは口を開き、他は閉じる阿吽の一対として置かれるのが一般的である。寺院の山門には同じく阿吽の仁王像が置かれることが多いが、狛

阿形の獅子（仁和寺）

吽形の狛犬（仁和寺）

犬の場合もあり、それは千年以上続いた神仏習合の名残の場合が多い。

阿吽の姿のほか、狛犬には口に玉を含むものと、足元に鞠（まり）のあるものがあり、前者は虚言妄言に対する戒め、後者は家運隆盛を表現したものとも言われるが、鞠が富や権力、吉祥の象徴であることから、近くに高貴な人がいるか、それより奥が聖域であることを告知する標識のようなものとも言われている。

狛犬は高麗犬とも書かれるが、この「こま」は特定の国や地域を指すのではなく、異国の意。遠く古代エジプトやメソポタミアで宮門や城門の壁に描かれたライオン像などが中国を経て伝えられる間、日本の風土に合うよう改良された結果が狛犬と考えられる。

鬼瓦といい、狛犬といい、日本の伝統的な風景には呪力のあるものが満ち溢れていた。

呪詛で人を殺せば極刑、未遂でも強制労働刑（大宝律令）

呪詛は凶悪な犯罪。日本では江戸時代の終わりまで、そのように認識されていた。

呪詛を犯罪として取り締まる法は、遠く大宝律令までさかのぼる。

大宝律令とは701年に施行開始された法典で、中国・唐の律令をもとに編纂された。原本も写本も現存しないが、757年に施行された養老律令が大宝律令の不備と矛盾を修正したに留まるというから、ほぼ踏襲されたものとみてよいだろう。

養老律令の律（刑法）は全12篇からなり、そのうちの第7編「賊盗律」のなかに謀反・反逆・謀殺（計画殺人）・妖書妖言（人を惑わせる文書や流説）・窃盗・強盗・略人（誘拐）・略奴婢（りゃくぬひ）（人身売買）などと並び、蠱毒厭魅（こどくえんみ）が挙げられている。蠱毒は「動物や虫を用いた呪詛」、厭魅は「人形（ひとがた）を用いた呪詛」を意味するから、蠱毒厭魅は呪詛全般を表わす言葉でもある。

呪詛に対する条文を見ると、呪詛の準備をしただけで、少なくとも1カ年の「徒刑（強制労働刑）」とある。準備に終わらず、標的とする人物の居宅の床下や井戸に呪物を設置するなど、呪詛行為が実行済みで、標的が死亡した場合には計画殺人と見なされ、絞首刑よりも一等重い斬首刑が宣告される。

標的が死なないまでも、その人物が体調を大きく崩した場合は殺人未遂として、軽くとも2カ年の徒刑が課せられた。

通常の殺人準備が2カ年の徒刑、殺人未遂が都から近い地への流刑（近流）であったのと比較すると、呪詛がどれだけ凶悪かつ重大な犯罪と目されていたか、一目瞭然である。

大宝律令と養老律令はどちらも唐の律令をもとにしているが、日本にはそぐわないと判断された項目は除外された。呪詛に対する刑罰が踏襲されたのは、日本にも呪詛の前例や呪詛を畏怖する観念があり、取り締まりの必要性が認識されたからだろう。

まだ養老律令施行前の729年2月、長屋王（天武天皇の孫）が妻の吉備内親王（草壁皇子と元明天皇との娘）と子供4人に毒を飲ませて絞殺した後、自身も服毒自殺する事件があった。聖武天皇を呪詛したとの嫌疑によるもので、聖武天皇はこの事件の直後、改めて厭魅を禁じる勅令を発している。

769年には不破内親王（聖武天皇の娘）と子の氷上志計麻呂、称徳天皇女官の県犬養姉女の3人が称徳天皇に対する蠱毒の嫌疑で追放および流刑に、772年には井上内親王（光仁天皇の皇后）と子の他戸親王が難波内親王（光仁天皇の姉）を蠱毒で呪殺したとして廃位・幽閉処分されるなど、賊盗律は権力中枢に適用されることが多かった。

呪詛の嫌疑で要人が失脚する事件は平安時代末期にも例がある。藤原摂関家の左大臣・藤原頼長（ふじわらのよりなが）がそれである。

頼長は関白・藤原忠実（ただざね）の庶子。異母兄の摂政・藤原忠通（ただみち）とは不仲で、皇位継承問題だけでなく、彼ら藤原摂関家における異母兄弟間の対立も1156年の保元の乱の一因となった。

当時の貴族社会では、庶子と嫡子の間には高い壁があったが、忠通は頼長の才を愛するあまり慣例を無視して、頼長を氏長者（うじのちょうじゃ）・内覧とした。氏長者は藤原摂関家の家長、内覧は摂政・関白・太政大臣と並ぶ要職だから、頼長は人臣の頂点に登り詰めたも同然だった。

呪詛の罪を着せられた藤原頼長

和漢の学問を究め、頭の回転が速く、強い実行力をも備える頼長は間違いなく優秀だったが、人を人とも思わぬ態度が露骨なために敵も多かった。そのため近衛（このえ）天皇の崩御と前後して妻が亡くなり、服喪のため出仕ができなくなると、瞬く間に反頼長包囲網が構築され、頼長抜きで次の天皇が決められただけでなく、近衛天皇の死を頼長による呪詛のせいとする噂を理由に、頼長の内覧職停止まで決められていた。

事実上の失脚と言えるが、それを決定づけたのは近衛天皇の証言にあった。口寄せが近衛天皇の霊を召喚したところ、「何者か自分を呪うために愛宕山の天狗像の目に釘を打ち付けた」との証言が得られ、愛宕山を調べたところ、本当に釘が打ちつけられていた。住僧からも、「5～6年前の夜中に誰かが打ち付けた」との証言が得られ、昨日今日の出来事ではないこともわかった。

容疑をかけられた頼長はその日記『台記』に、「そもそもそんな像があるとは知らなかったから、できるはずがない」と記しているが、反頼長勢力が朝廷を牛耳る状況下では、どんな弁明も空しいばかりだった。

頼長失脚の舞台になった愛宕神社 ©peia/PIXTA

太郎坊宮。正式名称は阿賀神社。修験道の聖地であり、天狗の太郎坊はこの神社の守護神（著者撮影）

ここに出てきた愛宕山とは山城国と丹波国の国境に位置した標高924メートルの山で、役小角と修験僧の泰澄（雲遍上人）により霊山として開かれた。平安時代後期に成立した説話集『今昔物語集』によれば、2人はこの山で太郎坊という天狗の大頭目と出会い、記念として廟を建立した。太郎坊は神験比類なき大天狗で、全国の霊山に散らばるすべての天狗を傘下に置いていたとも伝えられる。

奈良時代の末には和気清麻呂（わけのきよまろ）と少僧都（しょうそうず）（僧階のナンバー3）の慶俊（けいしゅん）が光仁天皇の勅命に従い、山頂に白雲寺など5カ寺を鎮護国家の道場として建立。愛宕大権現と命名した。神仏習合の立場からはイザナミノミコトの姿で現われた勝軍地蔵菩薩がそれで、太郎坊はイザナミの第5子、火神のカグツチノカミの化身と位置付けられた。

このように、愛宕山は大変神聖なところ。そこに飾られた天狗像に釘を打ち付けるなど不敬極まりなく、逆に言えば、その天狗像は非常に優れた呪物でもあった。反頼長派によるヤラセかどうかは不明だが、朝廷を震撼させるには十分すぎる事件であった。

陰陽師は平安貴族の生活に欠かせない存在だった！

陰陽師とは陰陽道の専門技能者。中央政府機関の陰陽寮と国家公務員としての陰陽師（官人陰陽師）が成立したのは天武天皇（在位673〜686）の時代である。

陰陽道は中国伝来のさまざまな神秘思想を混ぜ合わせながら独自の進化を重ね、平安時代中

中央に陰陽寮を設置した天武天皇

期に完成をみた。718年に編纂が開始された養老律令には「占筮相地」とあり、「占筮」は筮竹を使った占い、「相地」は現在で言う風水のこと。つまり初期の陰陽道は占いを専門とした。ただし、海亀の甲羅を用いた亀卜太占だけは神祇官という機関所属の卜部の仕事だった。弥生時代には伝来していた日本最古の占いである。

陰陽寮は勅書・勅旨の作成を主な仕事とする中務省所属の役所で、占い専従から徐々に職掌を広げ、暦の作成、天体観測、時刻の管理、祈祷、祭祀を受け持つまでになるが、なかでも依頼が集中したのは占いと祈祷と祭祀だった。

平城京から長岡京を経て平安京へ。短期間に二度も遷都が行われたのは怨霊に対する恐怖が理由。それ以外にも病気や自然災害、火災、怪異（不可思議な現象）、死の穢れなど、平安貴族は多くの不安のなかで生きねばならなかった。

ここで言う「死の穢れ」とは外出時に死体に遭遇すること。平安京は宮城内の華やかさとは対照的に、宮城から一歩外に出れば、まるで生き地獄さながら、劣悪な衛生環境がひろがっていた。うち続く自然災害に耐えかねて故郷を後にした人びとが、都へ行けば何とかなるのではと、平安京へ殺到。その結果、宮城外は貧民がひしめき合う人口過密地域と化していた。

手に職のある人はまだしも、そうでない人びとは物乞いをするか盗みを働くかの二者択一。病気になっても医者に診てもらうこともできず、たとえ診察の機会を得ても、当時の医療水準では疫病に対して無力だった。

病死した人間の葬儀を営むことも叶わず、郊外に捨てにいく手配もできないので、路傍に放置するしかない。平安京ではそんな死体と遭遇することが珍しくなかった。

しかし、もし叶うのであれば、死体との遭遇は極力避けたい。その場合、頼るべきは陰陽師しかいなかった。

外出の日時や方角の吉凶。陰陽師が製作する暦にはそれらが記されていたが、それはあくまで万人向けの吉凶であって、個人の吉凶を知るためには、陰陽師に個人情報を提供して個別に占ってもらう必要があった。当然ながら、それなりの謝礼が必要だ。

「上行下効（上行なえば下効う）」とはよく言ったもので、上級貴族が私的に陰陽師を使うのをみて、平安時代後半には中下級の貴族までが、外出の日時や方角だけでなく、年中行事や人生の節目、引っ越しに伴う祭祀から新宅、墓所の立地選びまで何かと陰陽師を頼りとするようになった。

平安貴族の生活に不可欠になると、官人陰陽師だけでは需要を満たすことができず、中小貴族は年中行事のように日程変更不可能な祭祀に関しては、正規の教育を受けていない法師陰陽師を頼るしかなかった。法師陰陽師は官人陰陽師がやりたがらない呪詛をも引き受けたので、呪詛に関してだけは、上級貴族からも頼りにされた。

法師陰陽師。蘆屋道満

陰陽寮以外に属する貴族からすれば、陰陽師は底知れぬ闇のなかの住人。式神という鬼神を使役すると信じられた。

式神は識神とも記される。陰陽師が占いで使用する式盤から、陰陽師の呼び出しに応じて出てくると考えられた。通常の人間の目には見えないが、安倍晴明の妻のように、式神が見えてしまう人も時々いて、晴明は妻があまりに怖がることから、用のないときは妻を近所の一条戻り橋の下に隠していたと伝えられる。

式神の起源については、仏教の護法童子と道教の役鬼の混淆とする説がある。道教の役鬼は武装した兵士の姿をとることが多く、妖怪や幽霊退治に参加もすれば、主人の身の回りの世話もする。姿形が異なるくらいで、護法童子と役鬼の能力と役割はほぼいっしょと見て間違いない。

平安・鎌倉時代に成立した説話には、式神に関し、「式に打つ」「式を伏す」などの表現が散見される。前者は「式神に付け狙われる」、後者は「式神に誰かを付け狙わせる」または「式神の宿る呪物を設置する」という意味で、式神が式盤だけでなく、それ以外の呪物にも宿ると認識されていたことがうかがえる。

安倍晴明の像と清明神社　© みつば /PIXTA

疫病神退治をする安倍晴明

誰かを呪詛するよう命じられた式神がしくじることはないが、標的が主人より強い呪力で守られ、目的を果たせなかったときに限り、戻って自分の主人を殺すというユニークな特性を有していた。これはあくまで説話上の話ではあるが。

式神は使いようによっては面白いキャラクターとなりうるため、現代のクリエイターたちが放っておくはずがなく、円谷プロダクション・TBS制作の特撮テレビドラマ『ウルトラセブン』に登場したカプセル怪獣のミクラス、ウィンダム、アギラ、ゲームソフトにはじまり、アニメ化作品も好評な『ポケットモンスター』に登場するあまたのポケモンも、そのルーツは陰陽師の式神にあるのかもしれない。

退治は無理。猛威を振るう怨霊は宥めるしかない

中国の諸思想に由来しながら、陰陽道には日本独自の要素も備わっている。それが北東を丑寅、鬼門（表鬼門）、鬼方、南西を未申、裏鬼門、病門として特別の備えが必要とする考え方で、裏鬼門に至っては日本の完全なるオリジナルである。

古代中国の地理書『山海経』の逸文には、東海（東シナ海）に浮かぶ度朔山という島の頂に大きな桃の木があり、その東北に鬼が出入りする鬼門があるとの記述がある。同じく『山海経』には、神荼と鬱壘の2神が頂にいて、害をもたらす鬼を葦の縄で捕らえ、虎に食わせる役目を負っている

『山海経図絵全像』の女媧（じょか）

神荼と鬱壘

とするが、日本の陰陽道では神荼と鬱壘の存在が消され、鬼神の侵入を防ぐ独自の対策が講じられた。

一般に平安京の鬼門封じの役目を果たしたのは788年に開創された比叡山延暦寺とその麓に鎮座する日吉大社で、裏鬼門のそれは860年に創建された石清水八幡宮とされている。

鎌倉幕府もこれに倣い、源頼朝は荏柄天神社や本覚寺夷堂を鬼門封じ、江島神社を裏鬼門封じに見立て、奥州藤原氏を滅ぼした後には北東に永福寺、南西に弁天堂（現・旗上弁財天社）を建立して、北東から奥州藤原氏と源義経の怨霊、西から平家の怨霊が侵入するのを防いだ。4代将軍として藤原頼経が京都から下向すると、将軍御所の鬼門封じとして新たに明王院五大堂が建立された。

時代は下り、徳川家康に仕えた南光坊天海も鬼門と裏鬼門を重要視して、大手町付近にあった神田神社を現在の場所へ移した上、東叡山寛永寺を建立。これらと浅草寺の3寺社に鬼門封じの役目を託した。さらに江戸城内にあった山王権現（現・日枝神社）を赤坂に移して裏鬼門封じの役目を託した。

神田神社は国土開拓の神であるオオナムチノミコトとスクナヒコナノミコトのペアに加え、日本三大怨霊の一人に数えられる平将門（たいらのまさかど）を祭神としており、どんな鬼神も怨霊も将門の前では好き勝手なことができず、江戸城と武家政権の守護神としてこれ以上に相応しい神はなかった。

南光坊天海

神田神社（神田明神）　©SUYA/PIXTA

鬼門と裏鬼門を重視する考え方は庶民レベルにも広まり、現在も北東の方角に出入り口やトイレ、浴室、出っ張りを設けることは禁忌とされ、庭のある家では鬼門と裏鬼門には南天、ヤシ、ヒイラギなどを植えるべきで、イチジク、サルスベリ、フジなどは不可とする俗信が生き続けている。

とはいえ、鬼門と裏鬼門を封じたところで、防げるのは鬼神だけで、物の怪や怨霊はその限りではない。小説や漫画、映像作品中の安倍晴明は怨霊をも調伏させているが、現実の陰陽師には怨霊に対抗する術はなかった。

そもそも陰陽道は現世利益を目的とする技能であって、死後の世界には関与をしない。葬送儀礼に関与することはあっても、それは葬送の日時・方角や葬地の吉凶判断、葬地の土地神を鎮める祭祀に限られ、死者の追善には一切関与しない。安倍晴明が得意とした泰山府君祭（たいざんふくんさい）も延命を祈願するもので、死者の霊魂をどうこうするものではなかった。

病気や怪異の原因究明を依頼され、占いにより怨霊の仕業とわかれば、そこから先は密教験者の専門領域。陰陽師には怨霊に対処する術がないから、たとえ関与したくても、できることはなかった。病気や怪異の原因が物の怪や溺死鬼（できしき）（溺死者の霊）、自縊鬼（じいき）（首吊り自殺者の霊）とわかったときも、右に同じである。

ただし、密教験者にも怨霊を調伏することはできず、できるのは宥（なだ）めておとなしくさせることだけ。そのために実施された大掛かりな祭祀は御霊会（ごりょうえ）と呼ばれ、京都三大祭りの一つの祇園（ぎおん）祭も八坂神社の御霊会に由来し、明治維新までは祇園御霊会と呼ばれていた。

文献で確認できる範囲では、日本最古の御霊会は８６３年に神泉苑で行なわれたもの。神泉苑は大内裏の南に接して築かれた天皇専用の池付き庭園で、８６３年の御霊会で祀られたのは、早良親王（さわらしんのう）、伊予親王（いよしんのう）、藤原吉子（ふじわらのよしこ）、橘逸勢（たちばなのはやなり）、文室宮田麻呂（ふんやのみやたまろ）、藤原仲成（ふじわらのなかなり）の６人。いずれも無実の罪で非業の最期遂げた面々である。

話を陰陽師に戻すと、病気や怪異の原因が神の祟りとわかれば、禊祓（みそぎはらえ）を実施する。それでいったんは収まるが、根絶とはならず、再発を防ぐには、どの神によるものか、その神が何を要求しているのかを突き止めることが必要で、これまた陰陽師の役目だった。

疫病をもたらす疫鬼や空き家に住み着く霊鬼の類であれば、陰陽師にも追い払うことができた。だからこそ貴族の引っ越しには必ず呼ばれたのだ、その際、陰陽師にはもう一つの役目があった。霊鬼とは比較にならない呪力を持つ宅神（やかつかみ）や土公神（どくしん）への対処である。

宅神は竈神（かまどがみ）や厠神（かわやがみ）、井神など建物の各部を拠り所とする諸神の総称。土公神は土地神で、これらは追い払うことはできず、所定の儀式により宥めるしかなく、陰陽師は諸神への刺激を避けるため、反閇（へんばい）という独特な歩き方をする必要もあった。

平安貴族にとって、陰陽師による所定の儀式を経ずに足を踏み入れることなど考えられず、晩年の藤原道長でさえ、安倍晴明が遅刻をしても、痺（しび）れを切らして先に入ることなく、これまた儀式の一部であるかのように、ただただ晴明の到着を待ち続けたことを、自身の日記に書き残している。

後醍醐天皇もはまった。性交時のエクスタシーが呪力に！

後鳥羽上皇は1221年の承久の乱における敗者である。最初から倒幕を計画していたわけではなく、当人は3代将軍源実朝の遠隔操作に自信を持っていた。鎌倉に下向させた源仲章を通じて鎌倉幕府とは上手くやっていける。摂関政治から院政、平氏政権、鎌倉幕府と続いた歴史の流れを、院政まで巻き戻すことができると。

しかし、1219年正月17日、肝心の実朝と仲章が同時に暗殺されたことで、後鳥羽の目論見は脆くも崩れた。これを境に後鳥羽は五壇法や仁王経法を頻繁に催すようになる。

鎌倉幕府に敗れた後鳥羽上皇

五壇法は五大明王を本尊とした呪法で、中央に不動明王、東壇に降三世明王、南壇に軍荼利明王、西壇に大威徳明王、北壇に金剛夜叉明王の五大尊を連ね、息災や調伏を祈願するもの。天皇や国家の大事の際に行なわれる修法で、明王からして仏法に従わないものを力ずくで帰依させる役目の仏だった。

一方の仁王経法は鎮護国家を祈願して修される秘法。後鳥羽の立場からすれば、この秘法を修すること自体には問題ないが、五壇法とこれの頻度の高さからすれば、その目的はやはり関東調伏の可能性が高く、側近の二位法印尊長を羽黒山の総長吏に、子息の尊快入道親王を天台座主とした人事をもあわせ考えると、鎌倉幕府に不満を抱く呪術師を総動員しようとしたとも受け取れる。

鎌倉に下向した陰陽師たちがサボタージュに出て、御家人の離反も相次ぐだろうから、軍を関東に下向させるまでもない。後鳥羽はこのように読んでいたようだが、それははなはだ楽観的にすぎた。現実には鎌倉で重用されていた陰陽師たちに寝返る気はなく、御家人たちも分裂するどころか逆に連帯を強め、頼みの比叡山延暦寺からも見放されたことから、承久の乱は一方的な展開で後鳥羽上皇の敗北に終わった。

後鳥羽は責任を問われ、隠岐島へと配流。帰京はおろか、二度と島の外へ出ることなく、1239年2月22日に永眠するが、鎌倉幕府は警戒を緩めなかった。後鳥羽に関しては生前より死後の方が厄介で、後鳥羽の性格からして、怨霊と化し幕府に仇なすは必定と認識していたからである。

事実、平経高という同時代の貴族が残した日記『平戸記』には、北条義時の盟友であった三浦義村と義時の弟時房の相次ぐ死と鎌倉で連続連夜起きている放火事件を後鳥羽の怨霊と結びつけ、「関東の運も衰えてきたのだろうか」「武家滅亡の兆しではなかろうか」などと、怨霊に翻弄（ほんろう）される幕府を揶揄（やゆ）するような記述が溢れていた。

平経高の期待に反して、鎌倉幕府はそう簡単には滅びなかったが、朝廷の側に後醍醐（ごだいご）天皇という、ひときわ個性の強い人物が登場するに及び、大局が動き始めた。

一言で表現するなら、後醍醐天皇は復古主義者にして理想主義者。それと同時にオカルティストでもあった。

後醍醐が信奉したのは真言密教から派生した一派で、平安時代末期の武蔵国立川に始まることから真言立川流、または単に立川流と呼ばれる。

後醍醐天皇は目的のために呪術を駆使

真言宗の僧侶だけでなく、成立には陰陽師も関わっていたため、立川流には陰と陽、男と女を不可分の関係する考え方が貫かれた。

具体的には、人間の男女を金剛界曼荼羅（こんごうかいまんだら）と胎蔵界（たいぞうかい）曼荼羅の大日如来に見立て、男女の性交で得られる快感により即身成仏の最高の境地に達するというもので、真言宗の正統派からは邪教として忌み嫌われた。

一時は途絶えかかった立川流だが、醍醐寺座主にして後醍醐の護持僧でもあった文観（もんかん）が復興させ、後醍醐にも伝授した。目的を精神的なものではなく、倒幕と天皇親政の復活に置き換えたのではないかと言われている。

後醍醐は大の女好きで、肉体関係にあった女性は文献上確認できるだけで18人、生ませた子どもは30人以上というから、実際に関係をもった女性はその2倍か3倍いたとも推測される。だが、後醍醐が立川流の信者であれば、女性との性行為は性欲に基づくというより、倒幕と天皇親政という2つの野望の達成を第一としていた可能性が高い。

室町時代に再び邪教とされ、江戸時代に途絶えた流派であるため、立川流について伝えられる話がどこまで事実なのか疑問の余地は残るが、立川流では髑髏（どくろ）を本尊とし、性行為は髑髏の前で行なうこととされていた。

後醍醐が悲願とした鎌倉幕府の討滅は叶えられた。天皇親政の実現も叶えられはしたが、短命に終わった。２つの待望を叶えるには男女交合の数が足りなかったのか、それとも他に原因があったのか。

少なくとも言えることは、同時代にもその後にも、後醍醐天皇に倣い、立川流の教えで大望を叶えた者は皆無であること。実践した者はいたかもしれないが、歴史に痕跡が残るレベルの者は二度と現われることはなかった。

室町時代にデスノートが実在！

室町幕府の8代将軍足利義政は銀閣寺（慈照寺）を創建した人、東山文化と称された文化の保護者として知られるが、将軍としての功績は皆無に等しく、応仁・文明の乱の勃発を防ぐこともできなければ、早期の終結に向け何ら積極的な働きをすることもなかった。

政治的に無能かつ無力な将軍だったからこそ、その時期の悪役たちが余計に目立つ。なかでも群を抜いていたのが今参局（いままいりのつぼね）である。

今参局は足利義政の乳母にして愛妾。必然的に義政正室の日野富子とは対立関係となり、1459年正月9日、富子の生んだ子がその日のうちに亡くなると、今参局の呪詛によるという風聞が広まった。

ただちに調査を開始したところ、呪詛の証拠が挙がったので、今参局は琵琶湖に浮かぶ沖ノ島への配流が決まるが、護送の途中で自害した。

本当に今参局の仕業だったのか、どのような呪詛が行われたのか、押さえられた証拠は何だったのか。知りたいことは山ほどあるが、残念ながら当時の文献や歴史書は多くを語らず、右に記した以上のことはわかっていない。

可能性として一番ありえるのは、人形（ひとがた）のような呪物が見つかり、それを仕掛けた者の供述から今参局の差し金と判明したか、すべては今参局を失脚させるための陰謀だったかのどちらかだろう。

興福寺の境内風景・東金堂と五重塔　©mono/PIXTA

将軍義政の時代は戦国時代の前夜にあたるが、すでに世の乱れは始まっており、有力な寺社は大名並みか、大名以上の戦力と財力を有していた。比叡山延暦寺がそうなら、奈良の興福寺も右に同じである。

興福寺は大和国最大の荘園領主でもあったが、土豪のなかには年貢を横領して一銭も納めない者もいた。箸尾為国（はしおためくに）という人物はまさしくその一人だった。

興福寺の側もこの手の反抗には慣れており、話し合いでの解決が無理と判断された時点で、最終手段の行使を躊躇（ためら）わなかった。罪状と名前、日付を記した紙片を仏前に捧げ、その身に災厄が降りかかるようひたすら祈るもので、興福寺ではこれを「名を籠める」と称した。時に1486年3月のことだった。

興福寺が全山を挙げて一人の人物を呪詛する。来る日も来る日も箸尾為国の名と罪状を唱えた。僧兵をも含めれば、興福寺にいる僧侶の数は1万人を超えており、それがみな一人の人物を呪詛する光景は、見る者を戦慄させたに違いなく、話を伝え聞いた人びとも多かれ少なかれ怖気を振るったはずである。

同年4月、箸尾自身はピンピンしていたが、箸尾が支配する村で悪疫が流行。あれよあれよと言う間に130人もの死者が出た。これはたまたま重なっただけ、偶然と言ってしまえばそれまでだが、時期と場所がここまでピンポイントに重なる確率は天文学的数字になるのではないか。室町時代の人びとにとっては、呪詛の効果と受け取るのが自然であったはずである。

興福寺が最終手段に出たのはこれが最初ではなく、1464年に前例があった。しかも相手は越前守護職の朝倉孝景。越前朝倉氏の10代目当主にして、戦国大名の朝倉氏としては初代に数えられる大物である。

事の発端は、孝景が越前にある興福寺所有の荘園を焼き討ちにした上、農民3人を拘禁し続けたことにあった。興福寺は室町幕府に訴え出るが、いっこうに話が進展しない。これに興福寺が痺れを切らし、「名を籠める」を発動したのだった。

孝景は室町幕府に対して強い影響力を持つ人物だったが、相手が神仏では対抗手段を持たず、比較的穏健な安位寺（あんいじ）の経覚（きょうかく）に泣きつき、呪詛の停止を嘆願した。経覚は藤原摂関家の出身で、興福寺大乗院の門主にして興福寺の別当を四度も務めたこともある高僧である。母方の縁で、のちに本願寺8世となる蓮如を弟子に迎えるなど、宗派の垣根を超えた懐の深さに加え、漢気（おとこぎ）もある性格のため、快く仲介の労を引き受けてくれた。

経覚によりお膳立てが整えられるのを待ち、同年8月10日、孝景は経覚の実家である京都の二条家の屋敷を訪れ、居並ぶ興福寺の僧侶たちに対し、「今後、興福寺をなおざりにすることはせず、忠節を尽くします」と記された起請文を提出。その場で署判を据え、口頭でこれまでの不届きの一切を謝罪するなど、その言動は全面降伏をした敗軍の将そのものだった。興福寺の「名を籠める」がどれほど恐れられていたかを示す、非常にわかりやすい実例だった。

天狗になりたくて、修験道にドはまりした権力者

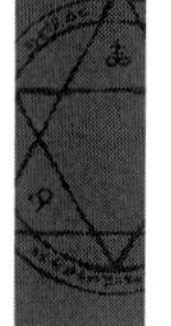

1467年に始まる応仁・文明の乱では、足利一門の細川勝元が東軍の総大将を務めた。勝

元が44歳で亡くなると、まだ7歳の嫡男政元が家督を相続するが、いつの頃からか政元は修験道にのめり込むようになった。

修験道とは日本古来の山岳信仰が密教、道教などと習合して生まれた実践的な宗教で、護摩（ごま）を焚き、呪文を唱え、祈祷を行なうだけでなく、山中で難行・苦行を重ねることにより超人的な力を獲得できると信じられた。

戦国時代の畿内について記した『足利季世記』という合戦記には、細川政元が女人禁制（不犯）の戒めを厳守していたこと、飯綱（いづな）の法と愛宕（あたご）の法を実践して、山伏のような生活を送っていたこと、暗記したサンスクリット語の経典を繰り返し唱えていたことなどが記されており、政元は空を自由自在に飛び回る天狗の術の習得に執念を燃やしたとも伝えられる。

高尾山の天狗の像　© ジョー /PIXTA

本格的な修行をするには、やはり相応しい地で修行をする必要がある。政元は奥州白川での修行を望み、具体的な計画を立ててもいたが、細川氏当主の政元が都を長く留守にするのは好ましくなく、周囲の説得もあって、奥州下向は取りやめとした。

それでも女犯の禁は守り続けたために実子がなく、複数の養子を迎えるが、そのせいで一族は分裂を来し、細川一族全体としての力は大きく減退することとなった。

ところで、政元は飯綱の法と愛宕の法を実践したとあるが、これはそれぞれどういうものなのか。実のところ、「愛宕の法」については情報が少なく、詳細は不明なのだが、「飯綱の法」と併記されていることから、類似しているか、難易度が同レベルの秘術なのだろう。愛宕山に棲む太郎坊、飯綱山に棲む三郎はどちらも、格別強い神通力を備え、日本八大天狗に数えられた。

飯綱山は信州北部、現在の長野県長野市に聳える標高1917メートルの山で、古くから霊山として崇められていた。「飯綱の法」とはこの山を発祥の地とする呪術を指す言葉。この呪術を操れる修験者は飯綱使いと呼ばれた。

羽黒山の修験者　© 山口賢二 /PIXTA

飯綱山に鎮座する飯縄神社の社伝によれば、飯綱の法は鎌倉時代に信州荻野（現・信州新町）の地頭を務めた伊藤忠綱・盛綱父子に始まる。

飯綱の法は修験者単独でできる術ではなく、管狐と呼ばれる相方を必要とした。

管狐は想像上の小さなキツネで、飯綱使いは竹管に入れ飼育し、これと問答を交わすことで予言や霊験を現わしたと伝えられ、一個の呪術として確立するまでに稲荷信仰および荼枳尼天信仰と習合したものと考えられる。

稲荷信仰は「稲を成らす」田の神への信仰とキツネをその眷属とする考え方によるもので、京都の伏見稲荷大社をその中心とする。

一方の荼枳尼天はサンスクリット語の「ダーキニー」に由来し、死者の肉を喰らう夜叉（インドの鬼神）であったのが、密教では大黒天の眷属となり、日本では稲荷信仰と習合して諸願成就の神に転じた。

つまり、現在では想像もつかないかもしれないが、近代以前の日本ではキツネは身近な動物で、どこの山野でも日常的に目にすることができた。キツネに関する俗信も多く、信州ではそれらが稲荷信仰および荼枳尼天信仰と習合して、飯綱の法とそれを操る飯綱使いが生まれた。飯綱の法はキツネを接点として成立した呪術だったのである。

身近な存在でありながら、日本人はキツネに対して相反する2つの感情を有していた。神の眷属、神の使いとして敬う心と、人

千本鳥居でも有名な伏見稲荷大社　©shiii/PIXTA

狐塚。愛知県の豊川稲荷にある祈願成就の御礼として奉納された狐の像は一千体にものぼる（著者撮影）

豊川稲荷に祀られている豊川吒枳尼真天（とよかわだきにしんてん）

間に憑依して異常な言動をさせるとする恐れの感情である。人間がキツネに憑依されることを狐憑きと言う。

キツネに憑依された人間には以下のような症状が現われる。

1．感情の制御力が失われ、些細なことで激昂したり、泣き叫んだりする。

2．身なりや衛生に気を遣わなくなる。

3．顔つきが変わり、人を値踏みするような目つきになる。

4．欲望に対する抑えが効かなくなる。

現在で言うなら、「2」か「4」だけなら変わった人。「3」の症状が出れば、好んで近づこうとする人もいなくなる。「1」の症状も加われば入院を必要とするだろう。

こうした狐憑きは一時的なものもあれば、常態的なものもあり、一時的なものも一回きりで終わらず、不定期に再発することが多かった。どちらにしても、最終的には取り殺されるのがオチなので、それを回避するには修験者に頼んでお祓いをしてもらうか、松葉でいぶすなどしてキツネの霊を追い出すしかなかった。

狐憑きへの恐怖と修験者に対する信頼が長く続いたことを鑑みれば、修験者による祈祷が効果を挙げたことが一度ならずあったのだろう。俗に言う「憑き物が落ちた」というやつで、どんな方法を取るにせよ、生きて正気に戻れた者は幸いだった。

取り締まりの対象外だったお百度参りと水垢離

春日局（かすがのつぼね）は徳川家光（いえみつ）を3代将軍とした立役者にして、江戸城大奥の基礎を築いた人物。非常に意志が強く、行動力にも溢れた女性だった。

本名はお福。父は明智光秀に仕えた斎藤利三で、母は美濃国の稲葉通明（いなばみちあき）の娘。本能寺の変を境に雌伏（しふく）の時を余儀なくされたが、離婚して大奥に仕え、2代将軍徳川秀忠（ひでただ）の次男竹千代（たけちよ）（のちの家光）の乳母となったことを機に、権力の中枢近くで立ち回ることとなった。

身を清める水垢離　©Doctor-K/PIXTA

竹千代には異母兄がいたが、母の身分が低い庶子だったことに加え、早世したため、竹千代は事実上の嫡男として扱われた。だが、同母弟の国松（のちの忠長）が生まれてからは状況が変わった。病弱で吃音、情緒も不安定な竹千代より、容姿端麗、才気煥発な国松を推す声が強く、生母の江までが国松に肩入れした。

しかし、春日局だけは竹千代の味方であり続け、駿府城にいた徳川家康に直訴することで不利な局面を覆し、竹千代の嫡男としての座を確立させた。

家光のためならいつでも一命を捧げる。彼女のその思いが行動に現われたのは1629年2月、疱瘡（天然痘）に感染した家光が死線を彷徨っていたときのこと。春日局が生涯にわたり服薬や鍼灸を用いないと神仏に誓いを立てたところ、家光は死の淵から帰還を果たした。以来、彼女はどんなに体調を崩しても、けっして薬を飲もうとせず、家光が自ら服薬を勧めたときも、口に含みながら、ひそかに袖の下に吐き戻したという。

服薬や鍼灸を用いないというのは、神仏への誓いであると同時に、呪術効果を高めるための縛りでもあるため、縛りを破った場合、災いは彼女ではなく家光に降りかかる。だからこそ、春日局は生涯、縛りを守り続けたと考えられる。

自身に重い負荷をかける祈願は、江戸の庶民の間でも行なわれた。その典型的な例がお百度参りと水垢離（みずごり）である。

水垢離とは願い事をしながら冷水を浴びる行為を言い、垢離掻（こりかき）とも呼ばれる。水垢離の「垢離」は、神仏への参詣に先立ち、水で心身を清める行為を指し、寺社の手水（ちょうず）と同じく、『古事記』に見える、黄泉国から戻ったイザナミノミコトが全身に付着した穢れを除去するため、川に入り禊をする話が起源と思われる。

最も効果のある水垢離は厳寒の時期に行なうもの。回数に決まりはないが、千垢離、万垢離という言葉があることから、多ければ多いほどよいと考えられていたと推測される。

一方のお百度参りは、特定の神仏に百度参詣して祈願することを言い、お百度、百度参りとも呼ばれる。その歴史は平安時代末までさかのぼり、文献上で確認ができるのは、京都では院政期に参議を務めた藤原為隆（ためたか）の日記『永昌記（えいしょうき）』に見える１１１０年３月18日に賀茂社で行われたもの。東国では『吾妻鏡（あづまかがみ）』に見える１１８９年８月10日に源頼朝の正妻北条政子が奥州戦役の勝利を願い、御所の女房たちに鶴岡八幡宮でやらせたものが最初である。

当初は一日一回、１００日にわたり継続する百日参りとイコールだったが、それでは日にちがかかりすぎるというので、一日に１００回行なうやり方に改められた。

他人に見られてはいけないとか、裸足でなければいけないとか言われるが、それは俗信にすぎない。お百度参りは呪術の一種ではあっても呪詛ではないから、他人に見られようが、履物を履いていようが問題はない。要は神仏の心を動かせればよいので、周囲の視線や身なりには頓着せず、終始無言で、全神経を祈願に集中させなければいけない。

現在の寺社は百度石という標識を立てているところが少なくないが、江戸時代にそのようなものはなく、神社であれば鳥居、寺院であれば山門を一方の起点とし、拝殿または本殿・本堂との間を往復した。そのため「お百度を踏む」という言い方がされる。

百度石、東京都豊島区雑司ヶ谷の鬼子母神（著者撮影）

細かい作法は寺社によって異なるから、心配ならば事前に確認しておいたほうがよい。所定の作法がないところでは自分で判断するしかないが、神社が二礼二拍手一礼であるのに対し、寺院では拍手が厳禁であるなど、寺院と神社との根本的な違いは念頭に置いておかなければいけない。

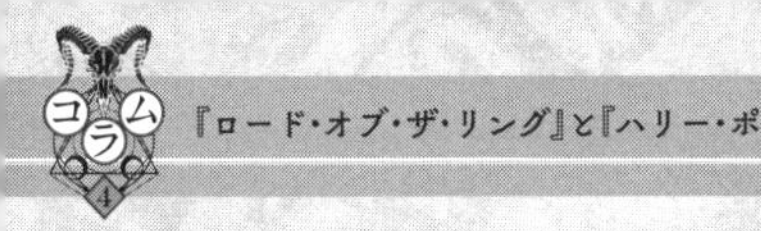

コラム4 『ロード・オブ・ザ・リング』と『ハリー・ポッター』の実写化

実写化不可能とされた2つの人気小説の実写映画化が同じ年に始まり、どちらも大ヒットを記録。「ロード・オブ・ザ・リング」シリーズと「ハリー・ポッター」シリーズの実写化が開始された2001年は画期的な年と言えた。

どちらのシリーズとも原作の小説があり、ファンの間では実写化が待望されていた。いざ劇場公開が始まると、どちらのシリーズとも観客の心を掴んで離さなかった。日本人の反応について言えば、かたや剣と魔法の世界、もう一方はホグワーツ魔法魔術学校が舞台。これだけでも十分心躍るところ、「ロード・オブ・ザ・リング」シリーズには闇の冥王サウロン、「ハリー・ポッター」シリーズには闇の魔法使いヴォルデモート卿という明確な悪役もいて、主人公のなすべき使命もはっきりしている。ハラハラドキドキしながらも安心して見ていられるシリーズなのだ。

「ロード・オブ・ザ・リング」シリーズの主人公は両親を事故で失った少年フロド。育ての親であるおじのビルボから魔法の指を託されたことをきっかけに、フロドの冒険が開始される。数々の危機に見舞われながら、そのたびに指輪が持つ力や仲間の助けによって救われ、成長を重ねていく。仲間の裏切りや、仲間との仲違い、強大な敵の出現など、色恋だけは別として、同シリーズは冒険譚に必要な要素がことごとく詰まっている。一言で表現するなら、「おもちゃ箱」のような作品である。

もう一方の「ハリー・ポッター」シリーズはホグワーツ魔法魔術学校の存在とそこへの行き方、そこで行なわれる授業内容などが秀逸である。魔法魔術学校は全寮制だから、そのあたりの事情は私立の全寮制が基本のパブリック・スクールに倣ったのだろう。

主人公のハリー・ポッターはホグワーツの森番ルビウスタ・ハグリッドから説明されるまで、両親が魔法使いだったこともヴォルデモート卿に殺されたことも、自身が魔法界で「生き残った男の子」として有名なことも知らずにいた。魔法魔術学校からの入学許可証が来たことで、ハリー・ポッターの止まっていた時間が動き出す。魔法使いとしてはほとんどゼロからのスタートだから、視聴者もハリー・ポッターとともに成長していくような感覚が味わえる。「ロード・オブ・ザ・リング」シリーズがダーク・ファンタジーなのに対し、「ハリー・ポッター」シリーズは学園ものの要素が混じっているため、ダーク・ファンタジーが苦手な人でも楽しめる。両シリーズとも21世紀の開幕に相応しい作品と呼んでいいだろう。

第5章 近現代に起こった呪術史

希望の神を降臨させ、銃弾にも傷つかない不死身の身体に

近代中国は「文明の衝突」という言葉が似つかわしい時代だった。キリスト教と科学技術に代表される近代西洋文明を相手に、長い歴史を誇る中国文明がどう折り合いをつけるか。反発・抵抗と受容の両極端を慌ただしく往来する。これぞまさしく「文明の衝突」で、幾度かの小休止を経ながら、この戦いは現在もなお継続中である。

近代西洋文明の襲来は1840年に勃発したアヘン戦争をもって開始された。清の道光帝はアヘンの没収および処分を強行した林則徐を解任して、現場の責任者を満州貴族の琦善に替えるが、琦善が賠償金の支払いや香港割譲などからなる穿鼻仮協定を結んだと知るや、色をなして激昂。琦善を北京に呼び戻し、後任として自身の甥にあたる奕山と湖南提督の楊芳を広州に差し向けた。

アヘンの没収と処分を強行した林則徐

林則徐はイギリス軍との開戦に備え、砲台の強化を図ったが、後任の琦善はイギリス軍を刺激するのはよくないとして、砲台が機能不全になるレベルまで守備兵を削減した。

その後を受けた楊芳（ようほう）はイギリス軍との戦闘は不可避としながら、砲台の強化や兵の増員を図るでもなく、広州の市中に耳を疑うようなお触れを出した。それは、

「婦人の尿桶を集めよ」

というもの。尿桶とは小便用便器のこと。異国人は婦人の尿を嫌うから、蓋を開けた尿桶を敵に向ければ、敵の妖術は無効化され、必勝間違いなし。楊芳は最も頼みとする占い師の見立てに従ったのだが、はるばる海を越えてやってきたイギリス軍が尿や便器ごときで怯（ひる）むはずはなく、楊芳による尿桶の陣は完全な失敗に終わった。

1842年に締結された南京条約により、清は上海など5港の開港、領事の駐在などを承認させられ、これより西洋人によるキリスト教の布教活動が盛んになる。

反応は様々だったが、なかにはキリスト教の外皮を被った新興宗教を起こす者もいた。広東（かんとん）の洪秀全（こうしゅうぜん）がそれで、宗教としては拝上帝教（はいじょうていきょう）、教団としては拝上帝会と称した。

洪秀全は夢のなかで、天父（てんぷ）（唯一神）から印璽（いんじ）と黄金色の果物を与えられ、天兄（てんけい）（イエス・キリスト）からは悪魔との戦い方を教授されるとともに、自身がイエスの弟であると告げられたという。

その後、高弟の蕭朝貴（しょうちょうき）には天兄、同じく楊秀清（ようしゅうせい）には天父がたびたび憑依するようになった。

土地の言葉では降僮と呼ばれる現象で、拝上帝会では簫朝貴のそれを「天兄下凡」、楊秀清のそれを「天父下凡」と称した。

新興宗教を急成長させるには、魂の救済を確信させるか奇跡を誇示するのが有効であり、拝上帝会の場合は後者に力点が置かれた。1849年の「天父下凡」により、「疫病が蔓延する。上帝を信ずる者は救われる」とのお告げが下されたところ、翌年には本当に疫病が流行。拝上帝会の拠点は近隣地域のなかで最も死者が少なく、洪秀全による治癒の奇跡も、話を大きく膨らませながら拡散された。

洪秀全を天王として組織された太平天国の乱

1850年には再び「天父下凡」があり、「近く大災難が降る。8月を過ぎたら田があっても耕す人がなく、家屋があっても住む人がいなくなる」とのお告げが下された。果たして、近くの県で先住民と客家との大規模な衝突があり、帰るべき場所を失った客家の集団が拝上帝会のもとに庇護を求めてきた。洪秀全も客家の一員であったから拒む理由はなく、清軍に敗れた天地会（反清秘密結社）の面々が庇護を求めてきたときも、信仰の受け入れを条件に彼らの加入を了承した。

ここまで教団が大きくなれば、そこからは奇跡の誇示より、軍事的な勝利の方が有効とばかり、拝上帝会は単なる邪教から、清朝の打倒を目指す交戦団体へと変貌を遂げる。

先の南京条約には含まれなかったが、1856年に始まる第二次アヘン戦争を経て、1860年に締結された北京条約には、外交使節の北京常駐、内地旅行とキリスト教の布教の自由などが盛り込まれた。それまで開港地に限られていたキリスト教の布教活動が清の版図内のどこでも可能となったわけで、異文化に免疫を持たない内地へのキリスト教の進出は深刻な文化摩擦を生じさせた。

洪秀全。中国・江蘇省南京市にある像（著者撮影）

各地で排外主義の暴力が深刻化するなか、山東省と河南省、直隷省の境界付近では白蓮教の教えを多分に受け継ぐ武術結社の活動が盛んになった。大刀会や神拳、梅花拳などがそれで、やがて梅花拳が義和拳と名を改め、清の朝廷から合法的な団練（自警団）として公認されると、さらに義和団と改称。他の武術結社もその名でひとくくりにされるようになった。

義和団が攻撃対象としたのはキリスト教の教会施設とキリスト教徒および外国人で、火力で劣る部分、鍛

外国人を無差別に殺害した義和団の兵士

錬の足りない部分は「降神附体」「刀槍不入」などの秘術で補われた。

「降神附体」とはすなわち神を降臨させること、「刀槍不入」は特定の呪文を唱えることで刃物や銃火器に耐えうる身体になれるというもので、降臨させる神は『三国志演義』や『封神演義』『西遊記』などの小説、演劇などでお馴染みのヒーローで、憑依に適した若者は馬子と呼ばれた。

一時は北京城内に入り、清の朝廷とともに世界に対して宣戦布告をするが、列強による8カ国連合軍が迫るとたちまち粉砕されてしまった。

これより清の朝廷は排撃から一転、西洋文化の受け入れに舵を取り、国会の開設を約束した上、留学生の派遣や鉄道の敷設にも力を入れるが、鉄道の敷設は山野の開拓を伴うことから、大きな紛糾の種となった。

鉄道敷設計画が持ち上がると、全国各地で民族資本家が名乗りを挙げ、続々と鉄道会社を誕生させた。けれども、民間頼みでは時間がかかり、途中で放棄される恐れもあることから、朝廷は米・英・仏・独4カ国からの借款で建設を図ろうと考え、武漢〜広州間、武漢〜成都間など主な幹線の国有化を宣言した。

これには民族資本家だけでなく、長江中流域に根を張る秘密結社の哥老会(かろうかい)(農民の互助自衛組織として発展した組織)、さらには一般住民までがこぞって反対の意思を表明した。鉄道とその沿線を外国に売り渡す行為であるとする反発に加え、外国人主導では風水や住民感情を顧みず、先祖代々の墓所が破壊されるのではと恐れたのである。

このため四川を中心に保路(ほろ)運動(鉄道国有化反対運動)が過激化して、四川駐屯の軍だけでは鎮圧が不可能なことから、朝廷は武漢に駐屯する軍のうち半分を四川に派遣するが、それからほどなく、武漢に残された軍で反乱が起こり、辛亥(しんがい)革命の始まりとなる。風水への配慮不足が、清の滅亡につながったのだった。

シャーロック・ホームズの生みの親をも虜にした降霊術

イギリスに始まる産業革命は、19世紀中にヨーロッパの全域に拡大した。医学や科学技術も長足の進歩を遂げたが、急速な工業化と都市化は人びとの幸福とは直結せず、貧富の差の拡大や環境破壊、人間関係の希薄化などをもたらした。この情況を見て、科学万能主義の考え方や資本主義社会に対し疑問を抱く者も少なからず、そのような人びとを引きつけたのがスピリチュアルや神智学だった。

スピリチュアルも神智学も非常に説明の難しい言葉でありジャンルだが、その活動の一環として行なわれる降霊術（こうれいじゅつ）（交霊術）であれば、具体像を思い浮かべるのも容易だろう。

交霊術そのものの歴史は非常に古いが、それは故人との会話を望む人が個人的に霊媒や呪術師に依頼して行なうもの。近代の欧米で流行したのはそれとは異なり、交霊体験そのものを楽しむイベントだった。

１８４０年代のアメリカに始まるそれは、一つの丸テーブルを参加者が囲み、手をつないで行なうもので、「テーブルターニング」と呼ばれた。呼び出しに応え、何者かの霊が現われると、テーブルが動き、床を鳴らすなど、何かしら音を発するとされたが、音だけでは会話が成立しないため、ほどなくしてテーブルの上に文字盤を置くようになった。

かくしてやり方が確立した交霊会はヨーロッパの上流社会でも受け入れられ、妖精や幽霊話の豊富なイギリスでは、交霊会に代表されるオカルト文化にすっかり魅了される者が少なからずいた。かの「シャーロック・ホームズ」シリーズの生みの親であるアーサー・コナン・ドイルもその一人だった。

コナン・ドイルの心霊写真

緻密な推理を行なうシャーロック・ホームズとオカルトの組み合わせは意外だが、ドイルがオカルトにはまったのはすでにシリーズの大半を世に出し、名声が確立して以降のこと。第一次世界大戦で多くの友人知己を失ったことがきっかけと言われている。

ドイルのオカルトとの最初の出会いは、エジンバラ大学医学部在学中の1880年にまでさかのぼる。イングランド中部の都市バーミンガムで開催された「死はすべての終わりか」というタイトルの講演を聞いたことに始まるが、このときは不信感しか覚えなかったという。

オカルトに対するドイルの感情を変えたのは、当時のイギリス社会を覆っていた空気だった。一定数の科学者や文化人が霊の存在を認め、心霊現象が科学的に説明できるかどうか真摯に研究された時代であり、1887年に設立されたオカルト系秘密結社「黄金の夜明け団」には、詩人のウィリアム・バトラー・イェイツやウィリアム・シャープ、近代イギリス怪奇小説の三巨匠に数えられるアーサー・マッケンとアルジャノン・ブラックウッド、原子番号81の元素「タリウム」の発見者である化学者・物理学者のウィリアム・クルックス、劇作家オスカー・

ワイルド夫人のコンスタンス・ロイドなど著名な知識人たちが参加していた。現在の占いに欠かせないタロット・カードをデザインしたアーサー・エドワード・ウェイトもこの結社のメンバーで、そのデザインは同結社の教義に基づいたものと言われる。

ドイルはこの結社には入らなかったが、１８７２年に設立された英国スピリチュアリスト協会（ＳＡＧＢ）には入会した。霊視やヒーリング、瞑想、前世療法、催眠療法などその活動は多岐にわたり、ドイルは研究方法に納得がいかず、死の直前に退会しているが、１９１６年には自身の片腕であるオースチンにスピリチュアリズム公認のための議会運動を開始させ、１９１８年からは伝道のため自ら世界講演旅行を開始、１９２５年にはロンドンに心霊博物館を設立させるとともに、国際スピリチュアリスト連盟の名誉会長に就任するなど、精力的な活動を続けた。

ガイ・リッチー監督、ロバート・ダウニー・Jr主演で２００９年に制作された英米合作映画の『シャーロック・ホームズ』は、黒魔術を使った連続殺人犯ブラックウッド卿を悪役としたが、時代背景を考慮すれば、この設定は実に的を射たものだった。前宣伝ではしきりに「原作に最も忠実」と謳われたが、それよりは「時代背景に忠実」とした方が適切だったかもしれない。

ところで、ドイルを虜（とりこ）にした近代スピリチュアリズムは、１８４８年のアメリカで起きたフォックス事件を端緒とする。

フォックス家の３人姉妹。成人になっても霊媒界のスーパースターであった

場所はニューヨーク州ロチェスター市郊外のハイズヴィル村。そこに住むフォックス夫妻には11歳と9歳の娘がいた。いつの頃からか、夜になると不思議な物音が聞こえ始め、やがてラップ音やノック音がしたり、家具が動くようになった。

最初は怖がっていたフォックス一家もすぐに慣れ、娘の一人が指を鳴らし、「お化けさん、真似をしてごらん」と話しかけると、同じ数だけ叩く音が聞こえた。次に夫人が娘たちの年齢を上から順に当てるようにと言うと、即座に正確な年齢の数だけ音が聞こえた。

そこで夫人はいよいよ核心に触れる質問をした。

「正しい答えをしていますが、あなたは人間ですか？」

何の音も聞こえないので、夫人は質問を変えた。

「あなたは霊ですか？　もしそうならラップ音を2回鳴らしてください」

するとラップ音が2回聞こえ、家全体が大きく揺れた。

それからは近隣の住民を巻き込み、様々な質問を重ねた結果、霊の正体は5年前にこの家に宿泊中、住人のジョン・ベルという男に殺されたチャールズ・ロズマという行商人であることが判明。地下室を掘ってみたところ、人間のものと思われる少量の骨と毛髪、歯が出てきた。

この事件が報道されると、国内外から多くの見物客が殺到したため、フォックス一家は引越をするが、どれだけ引越を重ねてもノック音とラップ音は付いて回り、なぜか娘たちが不在のときは何も起きなかったという。

ロシア皇帝夫妻から絶対的な信頼を勝ち得た怪僧

グリゴリー・ラスプーチン

ロシアのロマノフ王朝を滅亡に追い込んだ怪僧ラスプーチン。2021年制作の英米合作映画『キングスマン：ファースト・エージェント』にも悪役の一人として登場する。

怪僧とは微妙な肩書である。ロシアにも仏教徒は存在するが、東北アジア系の少数民族に限られ、ロシア系住民の大半はロシア正教会の信者だからだ。キリスト教の修道士を僧侶と呼ぶこともあるが、ラスプーチンは正式な聖職者でなく、修道院で過ごした時期もわずか3カ月。1892年に家族を残して家を出て以降、人生の大半を放浪に費やした。あえて肩書をつけるとするなら、「さすらいの修行者」といったところか。

ラスプーチンの信仰に関しては、ロシア正教会の多数派から異端視された鞭身派とする説があり、『岩波キリスト教辞典』は「鞭身派」について以下のように記す。

「17世紀後半に発生したロシアの古儀式派（ラスコーリニキ）の一宗派。農民、商人、修道士や修道尼などから成る信徒の共同体では、いかなる祈祷書もイコンも用いず神とじかに交流することを目指し、熱狂的に歌い踊りながら互いに、また自身を鞭打つ儀礼を行なった。信徒は、自虐的な興奮のうちに宗教的法悦状態に陥り、そのクライマックスでは聖霊が降臨し啓示を与え、参加者の中のある者にキリストや聖母が宿るという幻覚を体験した」

細かな経緯は不明ながら、1905年の帝都サンクトペテルブルクでは、エリート層の間で代替医療やオカルトへの関心が高まっており、ラスプーチンはその状況を追い風として、腕利きのヒーラーとして名をなしていた。

有名人でありながら、ラスプーチンほど毀誉褒貶の激しい人物も珍しい。多くの熱狂的な女性信者に囲まれ、謹厳で賢く、心の清い「神の人」として崇められるかたわら、大酒のみで、性的倒錯が甚だしいというのだから。

悪い評判があるにしても、ヒーラーとしての腕が確かなら頼りたい。これぞ深刻な悩みを抱える人の心理で、皇帝ニコライ2世の夫人である皇后アレクサンドラもその一人だった。

彼女が気に病んでいたのは唯一の男子である皇太子アレクセイの体調管理で、血友病を患う皇太子はちょっとした怪我や虫刺され、鼻血でも、一度出血すると、なかなか血が止まらなくなる。出血のたびに生死の境を彷徨う我が子の姿は不憫(ふびん)で仕方がない。名医と評判の医師を呼んでも有効な治療を行なえる者はなく、もはや呪術医療に頼るほかないと思い始めたところへ、ラスプーチンの噂を聞いた。

ニコライ２世一家、のちにボルシェビキにより家族全員が殺害される

すぐに効果があったわけではないが、初めて宮廷に呼んでから3年後の１９０８年、奇跡が起きた。ラスプーチンがやって来るやいなや、アレクセイを襲っていた症状がにわかに和らいだのである。衝撃の現場を目の当たりにした皇帝夫妻は、これよりラスプーチンを重用するようになった。

宮廷専属の呪術医としての登用。これだけなら、さほど大きな問題とならなかったところだが、ラスプーチンが政治的な助言をするようになってから、貴族や政府のなかにラスプーチンを警戒するのはもちろん、偽医者の詐欺師として忌み嫌う者が増え始めた。

第一次世界大戦が勃発して、ドイツと戦争状態に入ると、ドイツのヘッセン大公国出身のアレクサンドラに対する風当たりが強まり、孤立と敵意の視線に苛まれた彼女はますますラスプーチンを頼りとした。

すると今度は、皇后とラスプーチンが不倫関係にあるとの噂が流れ、2人は「ロシアを破滅に導く闇の勢力」とまで中傷されるようになった。

皇后はともかく、ラスプーチンを何とかしなくてはいけない。ラスプーチンは専属の運転手を与えられ、どこへ行くにも自動車で移動。警察の護衛もついているから、容易に近づくことができないが、ラスプーチンがいる限り、亡国は免れないとして、ラスプーチンの暗殺を決意した者たちがいた。ニコライ2世の姪を妻に迎えたフェリックス・ユスポフ公とニコライ2世の従兄弟にあたるドミトリー・パブロビッチ、ラスプーチン批判の急先鋒であった国会議員ウラジーミル・プリシケビッチの3人である。

暗殺計画は入念だった。まずはユスポフがラスプーチンに近づき、折を見て妻を紹介したいと言って、自宅に招待する。誰にも知られないようこっそりと来てほしいと。

賄賂として妻の身体を提供すると匂わせているのだから、ラスプーチンが断るはずもなく、本当に護衛一人つけずにお忍びでユスポフの屋敷を訪れた。

ラスプーチンが大好物だというプチフール（一口サイズのケーキ）に青酸カリの結晶を仕込む。どんなに鍛錬を積んだ人間でも即死を免れないはずが、ラスプーチンはケーキをいくら食べようが平然としている。そこでワイングラスにも毒を仕込んだが、これまた効果なし。

驚愕したユスポフらは念のため用意していた拳銃を使用することにした。まずは背後から胸のあたりに2発。一度は倒れ込んだラスプーチンがすっと起き上がり、雪の積もった外へ逃れると、さらに4発を発砲。そのうち一発が右腎静脈から背骨に貫通して、ラスプーチンは再び倒れ伏す。そこへとどめとばかり、額に1発お見舞いする。

3人は事件の発覚を少しでも遅らせようと、絨毯（じゅうたん）で覆った遺体を車でネヴァ川の中州まで運び、氷を割って開けた穴から水中へと遺棄した。

警察の手で遺体が発見されたのはそれから3日後のこと。検死の結果、額に受けた銃弾が致命傷とも、死因は溺死で、川へ遺棄されたときはまだ生きていたとも言われている。最後まで謎のベールに包まれた人物だった。

ナチスは本当にアーク（聖櫃）や聖杯を探していたのか？

これまた映画の話になるが、アメリカの「インディー・ジョーンズ」シリーズではナチス・ドイツが悪役として登場することが多い。１９８１年制作の『レイダース／失われたアーク《聖櫃》』がそうなら、１９８９年制作の『インディ・ジョーンズ／最後の聖戦』もそう。前者で争奪の対象となったのは、「モーセの十戒」の石板の入れ物とされたアーク（聖櫃）で、後者のそれはイエスが最後の晩餐で使用、あるいはイエスの血を受け止めたとされる聖杯だった。アークは巨大なエネルギーの源、聖杯はどんな願いも叶えてくれるアイテムというので、狙われたのである。

アドルフ・ヒトラー

この２つの作品はもちろんフィクションだが、ナチス・ドイツにオカルト的傾向があったのは動かし難い事実だった。ただし、意外にもアドルフ・ヒトラーは神秘主義ではあってもオカルティストではなく、ナチス・ドイツにつきまとうオカルト色は、ひとえに親衛隊ＳＳのトップであるハインリヒ・ヒムラー個人の嗜

ナチス党大会。アドルフ・ヒトラー、ハインリヒ・ヒムラー、SAリーダーのヴィクトール・ルッツェが立つ

好に拠っていた。

ヒムラーは占星術にはまり、中世の黒魔術や魔女の研究にも情熱を傾けた。１９３８年にはアイスランドへ遺跡調査隊を派遣して、聖杯の探索をも行なわせていた。

遺跡調査隊の派遣先はアイスランドに限らず、インド・ヨーロッパ語族が足跡を残したところすべてに及んだが、それを担ったのは親衛隊の下部組織の一つ「アーネンエルベ研究所」だった。「アーネンエルベ」とは「先史遺産」を意味する言葉である。

ここで言う「先史」はキリスト教の受容以前を指す言葉で、ヒムラーによれば、ゲルマン人は生物学的にも歴史的にも非凡な存在でありながら、キリスト教を受け入れたことにより堕落した、ゲルマン人本来の姿に立ち返るには祖先の輝かしき歴史を掘り返す必要がある。

このような大前提があるため、アーネンエルベ研究所で行なわれるのは「目的のための学問」

であって、客観的な史実の探求ではなかった。

ヒムラーは親衛隊をナチスのエリート集団に仕立て上げるため、当時のゲルマン神話学や民俗学の分野で盛んに取り沙汰されていた男性結社論に着目した。なかでも最も影響力を発揮したのは、ナチス・ドイツと密接な関係にあったオットー・ヘフラーの『ゲルマン人の祭祀秘密結社』で、おそらく同書の内容はタキトゥスの『ゲルマニア』にある以下の記述を発想の原点とした。

「彼らは、公事と私事とを問わず、なにごとも、武装してでなければ行なわない。しかし武器を帯びることは、その部族（市民）団体が資格があると認めるまでは、一般に何びとにも許されない習いである。それが認められたとき、同じかの会議において、長老のうちのあるもの、あるいはその青年の父、または近縁のものが、楯とフラメアとをもって青年を飾る。これが彼らの間におけるトガであり、青年に与えられる最初の名誉である」（『ゲルマーニア』泉井久之助訳注、岩波文庫）

ここにある「フラメア」は細く短い鉄の刃を付けた手槍、トガは身分ある成年男子の公式の寛衣を指し、古代ゲルマン人の民会では発言が意に適ったときはフラメアを打ち鳴らすのが習わしで、武器をもって称賛することが、最も名誉ある賛成の仕方だったという。

タキトゥスの『ゲルマニア』からは男性結社が実在したかどうか確認できないが、オットー・ヘフラーの『ゲルマン人の祭祀秘密結社』ではその存在と意義が強調された。ヒムラーはこれに感化され、親衛隊の新入隊員に短剣を授与し、親衛隊のシンボルとして髑髏マーク、指輪、黒い制服などを採用したと考えられる。

ヒムラーは中世の騎士団とそれを率いたザクセン朝の初代東フランク王ハインリヒ1世（在位919～936）にも強い憧れを抱き、自身をハインリヒの生まれ変わりとした。ヴェーベルスブルクという古城が、ハインリヒがマジャール人を撃破した際の拠点であると知ると、100年契約で借り受け、親衛隊の事務局を設置するが、それだけでは飽き足らず、儀礼用の部屋にはアーサー王と円卓の騎士の故事に因んで幹部12人と自分用の席を設け、部屋の名も「騎士の間」とするなど、完全に趣味の世界に浸っていた。

ヴェーベルスブルク　©imagebroker/ アフロ

ヒムラーは輪廻転生（りんねてんせい）を本気で信じていたらしく、ハインリヒの霊廟があるザクセン・アンハルト州のクヴェードリンブルクをたびたび訪れては、過去の自分と信じるハインリヒとの交信を試みたとも伝えられ、ハインリヒの没後千年にあたる1936年にはクヴェードリンブルクをドイツ帝国発祥の地ともしていた。

名前が同じ歴史上の英雄とはいえ、さすがにここまでくると、単純な思い入れにしては度が過ぎている。何か他にも理由がありそうだ。

あるとしたら、それは聖遺物との関係かもしれない。ハインリヒは十字架上のイエスの脇腹を貫いていたとされる「ロンギヌスの槍」を所持していた。聖遺物の力はウイルスのように伝染すると考えられたから、ハインリヒも奇跡を起こせる身であったことになる。これであれば、ヒムラーが強く思い入れをしたのも納得がいく。

ハインリヒの死後、ロンギヌスの槍は息子のオットー1世に受け継がれ、それ以降は長くニュルンベルクに保管されていたが、ナポレオン戦争中、ナポレオンに奪われることを恐れ、ウィーンのホーフブルク宮殿に移された。それが１９３８年に再びナチス・ドイツの聖地と化したニュルンベルクに移された。誰の指図でそうなったか明らかでないが、状況証拠からすれば、ヒムラーである可能性が高い。古代ゲルマンだけでなく、キリスト教の奇跡の力をも利用し

ハインリヒ・ヒムラー

たかったのだろう。

奇跡がカギとなるバチカンによる聖人認定

キリスト教のカトリックでは、「殉教もしくは敬虔な生活を送ったために、崇敬を受ける者」(『岩波キリスト教辞典』)を聖人と認定するシステムが確立されている。

カトリック中央協議会のウェブサイトによれば、皇庁下部機関教の列聖省が、その人物を聖人の列に加えることが妥当かどうかの調査開始を宣言した時点から該当の人物は「神の下僕」と呼ばれ、その人物の生涯が英雄的、福音的な生き方であったことが公認されると、「尊者」に昇格する。「尊者」から次の「福者」への昇格は、殉教者ならすんなり運ぶが、殉教してない者(証聖者)の場合、一つでもよいから奇跡を起こしたことが証明されなければならなかった。「福者」から「聖人」へ昇格するにも、それとは別の奇跡が証明されなければならない。「奇跡の証明」とは何ともおかしな言い方だが、要は科学的に説明できないことがわかればよいわけで、治癒の奇跡であれば、医学的に説明不可能なことが証明されれば、奇跡として合格となる。

比較的に新しいところで、第264代教皇のヨハネ・パウロ2世(在位1978~2005)

を例に挙げると、通常は死後5年経てからの調査開始が、ヨハネ・パウロ2世の場合はその業績に鑑み、死の翌月から準備が始まり、翌々月には正式に開始された。

ヨハネ・パウロ2世

ポルトガルの中部にあるファティマの聖堂。カトリックが聖母出現の奇跡を公認（著者撮影）

パーキンソン病を患うフランス人修道女が鉛筆でヨハネ・パウロ2世の名前を書いたところ、翌日から快方に向かった案件が1つ目の奇跡、重病のコスタリカの女性に起きた同様の案件が2つ目の奇跡と認定され、通常は何十年、ときには100年以上かかるところ、ヨハネ・パウロ2世は死後9年と25日という近年では最短の日数で列聖が果たされた。

聖人とは話を異にするが、カトリックでは聖母マリアが時空を越え、信者たちの前に姿を現わす「聖母の出現」を起こりうることとし、事実と判断された案件は奇跡として公認している。そのなかでも三大奇跡と言われているのは、1531年12月9日にメキシコのグアダルーペ、1858年2月11日にフランスのルルド、1917年5月13日にポルトガルのファティマで起きたもので、3カ所いずれとも巡礼に訪れる人が絶えず、ルルドの泉による治癒の奇跡は現在に至るも散発的に継続している。

ロシアのプーチンが恐れるシベリアのシャーマン

最近はテレビへの露出が減ったが、日本にも霊媒が存在する。青森県のイタコがそれで、死者の霊を降ろして憑依させ、死者の言葉を伝える口寄せである。下北半島のむつ市にある恐山(おそれざん)はイタコの聖地とされているが、普段は青森県各地にあるそれぞれの地元で暮らしており、恐山にやって来るのは毎年7月20日から24日まで開催される恐山大祭と10月上旬の3連休に開催される恐山秋詣りのときだけ。しかも、常時活動をしているイタコは4人、本来の姿である目の不自由なイタコに至ってはわずか一人にすぎない。

ここまでイタコが減少した理由は複合的である。根本的なところでは、食糧事情や衛生事情の改善で失明する女性が減ったこと、たとえ失明しても特別支援学校に通えば、他に就労の道が開かれるようになったことが挙げられる。

霊場・恐山　©animangel/PIXTA

目の不自由な人が減ったのであれば、そうでない女性から募るしかないが、巫技を伝授できる師匠イタコが途絶えた以上、民俗調査の一環として残された記録をテキストに育成するしかない。普段は地域社会のカウンセラーのような役割を果たしているので、素養のない人間、外部の人間でも受け入れるのかという点も大きな課題となりそう。恐山のイタコが絶滅危惧種であることに変わりはない。

霊媒や口寄せは、国際的にはシャーマンと呼ばれる。イタコが降臨させるのは先祖の霊が基本だが、海外のシャーマンは間口が広く、自然界の精霊に降臨を願うことが多い。そのなかには政治的な影響力を持つ者もいて、ロシアのアレクサンドル・カビシェフはその代表格である。

ハーバード大学研究員ビタリ・シュクリアロフが『ニューズウィーク日本版』（2019年11月19日配信）に寄稿した記事「プーチン退治を目指す霊媒師が掻き立てる地方の〈怒り〉」によれば、カビシェフは東シベリアにあるサハ共和国のヤクーツクの人で、日頃からプーチンを「悪魔」と呼び、「戦うシャーマン」を自称していた。

そのカビシェフが悪魔退治と称し、首都モスクワまで8000キロの距離を歩くと宣言して、同年3月にヤクーツクを出発。道中で支持者を増やしてモスクワに入り、大勢の人びとが見守るなかで悪魔祓いをする計画だったが、行程の3分の1を踏破した同年9月、バイカル湖畔で覆面姿の治安当局者により身柄を拘束された。

一時は同行する支持者が1000人にも達し、その様子を撮影した動画が数百万回も再生されたことから、当局が動いたようである。

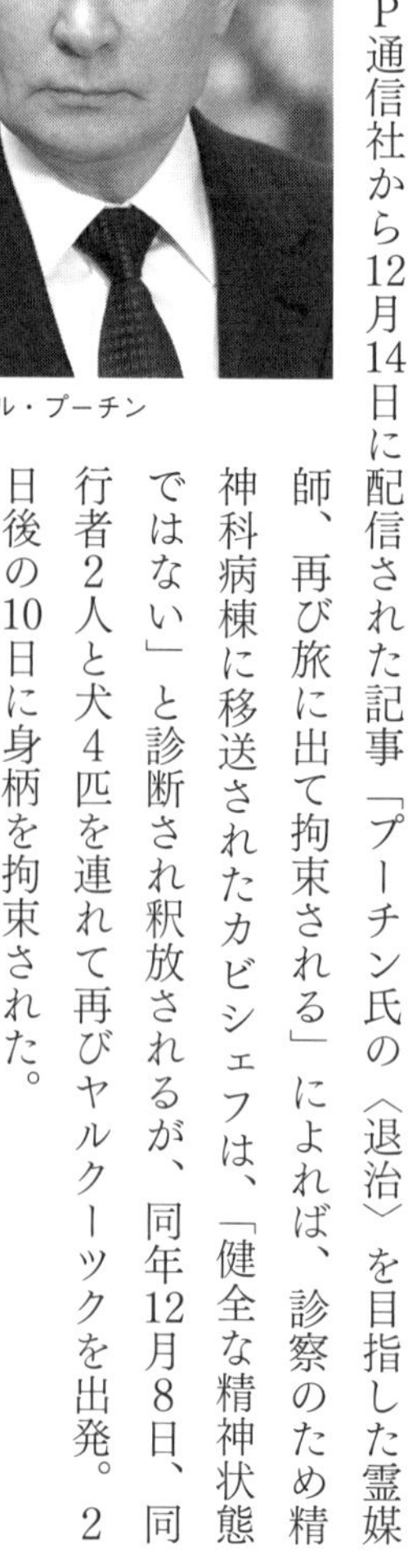

ウラジーミル・プーチン

また、AFP通信社から12月14日に配信された記事「プーチン氏の〈退治〉を目指した霊媒師、再び旅に出て拘束される」によれば、診察のため精神科病棟に移送されたカビシェフは、「健全な精神状態ではない」と診断され釈放されるが、同年12月8日、同行者2人と犬4匹を連れて再びヤルクーツクを出発。2日後の10日に身柄を拘束された。

同じくAFP通信社が2020年6月6日に伝えるところでは、再び釈放されたカビシェフは三度目の旅に出ることを発表したために自宅で拘束され、同年5月には精神科病棟へ移送された。6月2日にはヤクーツクの裁判所が強制収容の延長を決定したことから、無期限の収容状態が現在も続いている。

プーチンが恐れた相手と言えば、今年の2月に獄死したアレクセイ・ナワリヌイの名が一番に思い浮かぶが、「戦うシャーマン」カビシェフもそれに引けを取らないように見受けられる。ナワリヌイの支持者が都市部に集中していたのに対し、カビシェフはプーチン支持者の多い地方社会で非常に高い知名度を誇る。このため先のビタリ・シュクリアロフは、「ロシア当局は彼の霊力を本気で恐れているのか？」という問いに対し、「プーチン支持者が地方に多く、彼らにとっては首都での数千人規模の集会より、一人のシャーマンの言動の方がはるかに影響力を持ちかねない」と返答している。

アレクセイ・ナワリヌイ

プーチン政権は第2、第3のカビシェフが現われることを恐れたか、2018年にシベリア南部トゥワ共和国で初めて開催された全ロシア・シャーマン会議で、ロシアの最高位シャーマンに選ばれたカラウール・ドプチュンウールの言動に関し、大々的に報道するようになった。

同氏は「クマの精霊」と呼ばれるシャーマン集団の指導者でもあり、2023年10月5日に行なった儀式では、リズミカルに太鼓をたたいて呪文を唱えながら「ロシア国民の幸福、健康、繁栄」を祈願するかたわら、ウクライナ侵攻中のロシア軍に祝福を与え、ウクライナのゼレンスキー大統領を「敵」として糾弾、さらにはウクライナ国民によるゼレンスキーの追放を予言するなど、プーチン政権のスポークスマンのごとき発言を繰り返した。

シャーマンによる影響力を同じくシャーマンで相殺しようとの思惑が見え見えである。最高位シャーマンの地位など過去に存在した試しがないこともあり、案の定ロシア国内では、不要な官僚的ポストとする批判の声が上がっている。

アマゾンや東アジアでは呪術医療が健在

世界にはまだまだシャーマンや呪術医が健在な国や地域が少なくない。南米大陸のアマゾンがまさしくそれである。
アマゾンと言えばブラジルを思い浮かべる人が多そうだが、実のところアマゾン川はブラジ

ルに加え、ペルー、コロンビア、ボリビア、ベネズエラ、エクアドルの計6カ国を流れており、流域はどこも密林を伴っている。

流通の拠点となる都市や町には病院もあるが、先住民集落のほとんどは密林の奥にあって、病院どころか医師も薬剤師もいないため、人びとは今もシャーマンによる呪術医療に頼るしかない。

麻薬のコカインや清涼飲料のコカ・コーラの原料コカは南米大陸が原産地。古くから高山病対策や局所麻酔に有効とされ、アンデスのシャーマンも必要に応じて使用している。

アマゾンで最もポピュラーな薬草アヤワスカ

アンデスのシャーマンは薬草に関する知識が膨大で、コカはあくまで薬草の一つでしかない。アマゾンの呪術医療や儀礼で最も広く利用されているのは「アヤワスカ」というツル状の植物である。

アヤワスカをハンマーで砕き、細かくパーツ分けしてから、チャクルナと呼ばれる葉と混ぜ合わせ、それに水を加えた上で、とろみが出るまで何時間も煮込む。こうしてできた茶色い液体を小さなグラスで飲むのだが、これには体内に蓄積された毒素を排出する効果と幻覚作用があり、これを飲むと、健康と知恵を授けられるとも、長生きできるとも、霊界への扉が開かれるとも言われている。ただし、米国麻薬取締局がアヤワスカの有効成分ジメチルトリプタミンを違法とするだけあって、反応には個人差が大きく、嘔吐や下痢に見舞われる人が少なくないという。

アマゾンと同じく、密林の多い東南アジアでも呪術医療は盛んで、文化人類学を専門とし、特に東北タイの呪術と精霊信仰を研究している津村文彦著の『東北タイにおける精霊と呪術師の人類学』（めこん）によれば、タイの北東部ではモータムと呼ばれる呪術医が現在も欠かせない存在という。

モータムの「モー」は「知識を持った専門家」、「タム」は仏法を表わし、モータムは仏法に裏付けられた呪術医療で、精霊ピーの除去や病気の治療を行なう。

モータムになるには特定の師匠のもとで治療に用いる呪文を学んだ上、師匠を崇める儀式を行なう必要がある。正式な師弟関係になることで師匠の持つ知識が弟子の身体にも宿り、目に見えない存在であるピーと対峙できる呪力も備わると考えられているからだ。

一口にピーと言っても、死んだ人間の霊を指す場合もあれば、村の守護霊、河川や草木など自然環境に棲息する霊、特定の機会に発生する悪霊など多種多様な霊の存在が想定されており、そのなかでも人に取り憑いて病や死を引き起こす生き霊はピーポープと呼ばれ、モータムにとっては比較的に与(くみ)しやすい相手とされている。

体調不良の原因が悪霊にあると判断された場合、患部に息や聖水を吹きかけるのが基本だが、その前後に呪文を唱えることもあれば、薬草を処方することもある。西洋伝来の近代医療に背を向けているわけではなく、利用可能なものであれば積極的に取り入れる。中世から近世ヨーロッパの医師がそうであったように、モータムの一番の役割は患者を安心させることにあるのかもしれない。豊富な知識を背景に、病気の原因や進行の具合、治療法などについて、患者やその家族が納得できる説明をなす。人間に本来備わる自然治癒力を最大限引き出すことができれば、感染症以外の病なら何かしら改善が見られる。細かいメカニズムはともかく、プラセボ効果は現代医学でも広く認められている。

西洋の魔術がそうであるように、東洋の呪術も黒呪術と白呪術の2つに分類可能で、タイのモータムは明らかに白呪術である。だが、同じく東アジアの韓国では、これとは真逆の黒呪術が政争の道具として使われており、次に挙げるのは2022年3月9日の大統領選挙投票日を目前にして、SNS上に挙げられた書き込みである。

「尹錫悦（ユンソクヨル）（当時の野党統一候補で現大統領）に呪いをかける」
「罰を受けるべき人間には五殺で罰を下したい。八つ裂きにしなければ」

なんとも物騒な書き込みだが、まず、注目したいのが「五殺」という言葉。これは20世紀初頭まで続いた朝鮮王朝時代、主に逆賊（謀反人）に対して執行された、殺害後に頭・胴体・手足をバラバラにする処刑法である。最初の書き込みには、鋭利な道具を突き刺された藁人形の写真も添付されていたから、呪術行為であるのは明らかだった。

この忌まわしい記憶がようやく消えかけた2023年3月、再び事件が起きた。

現野党「共に民主党」の李在明（イジェミョン）代表の両親の墓が何者かにより毀損されたのである。

3月14日付けの『TV朝鮮ニュース』日本語版では、「何者かが亡父の墓の盛り土を傷つけ、特定の漢字が書かれた石を周辺に埋めていた」「子孫が絶滅するように呪う黒呪術」という李代表のコメントが報じられた。

墓荒らしの被害に遭った李在明

また、同日の韓国紙『中央日報』日本語版では、「韓国野党代表の両親の墓が毀損……〈亡くなった両親まで侮辱〉」という見出しで、「私のせいで、亡くなった両親まで侮辱されるので申し訳ない」という李代表のコメントと併せて、彼が同日午後フェイスブック上に発した「意見を聞いてみると、一種の黒呪術で、墓の四方に穴を掘って凶物などを埋める儀式、墓の穴を塞いで子孫や家門が滅びるように呪う『凶魅』（呪術の一種）だという」という書き込みを紹介。さらには「共に民主党」のイ・ギョン常勤副報道官による「李代表の両親のお墓の四方を暴き、奇妙な文字が書かれた石を誰かが埋め込んだ。封墳の上を足で踏みつけ、重い石をのせた」「ひどいこと」というメッセージも掲載された。

今度は「凶魅」という、日本人には耳慣れない言葉が登場する。『TV朝鮮ニュース』では「黒呪術」と表現され、『中央日報』では「凶魅」と報じられ、なおかつ「呪術の一種」という説明まで加えられている。

朝鮮王朝の時代であれば、呪詛は立派な犯罪で、証拠が挙がれば、呪詛の依頼者と実行者には厳罰が下された。

現在の法律では器物破損の罪にしか問えないが、犯人たちを特定できれば、彼らを社会的に抹殺することはできる。たとえ特定できなくとも、大衆の同情を買えるのは間違いない。だからこそ、李代表も憤懣をあらわにするのでなく、悲しみと困惑を前面に出したのだろう。背任と収賄の容疑で追及され、辞任を求める声も高まっている状況だったから、なおさらである。

法的には軽犯罪でも、韓国の庶民感覚では死刑相当の重大犯罪。犯人側もそれを承知のはずだが、分別や冷静な判断力がかなぐり捨てられるほど、政敵への憎悪が高まっていたのだろう。

韓国を旅していて白呪術の現場に出くわすことは稀だが、台湾はそれとは逆で、一度も目にしない方が珍しい。道教信仰の篤い台湾では法事の種類が非常に多く、地域社会で行なわれるものもあれば、個人の依頼によるものもある。

ここで言う法事は仏教のそれとは異なり、法術を用いた行事・儀礼のこと。この分野に関しては、「慶應義塾大学　アジア基層文化研究会」ウェブサイト所収の「打城　台湾法師の儀礼とシャーマニズム」（文章：高橋晋一）に詳しいので、以下同論文を参考に話を進める。

道教の法事は生者に関係する陽事と死者に関係する陰事に大別され、日本の厄除けにあたる「補運（解運、改運）」は陽事、死者の魂を冥界から救い出し、神仙界へ行けるよう祈願する「打城（撲城、破城）」は陰事に分類される。

「補運」と「打城」はどちらも個人の依頼による行事で、家族に不運な出来事が続く場合など、「打城」をすべきかどうかの判断はタンキー（シャーマン）に一任され、すべての不運が冥界から出られずにいる祖先の魂の祟りと判断されれば、「打城」を執行しなければならない。

冥界からの救出劇だから、「打城」を行なう場所は自宅以外なら、冥界を支配する東嶽大帝か地蔵王菩薩（幽明教主）を祀る廟が相応しく、実際に儀式を行なうのは道士とタンキーまたはアンイイ（女性のタンキー）で、道士でなく一つ格下の法師が執行役を務めることも多い。

日本の法事と同じく、台湾の法事にかかる費用もピンキリのようで、「打城」の場合、道士・法師に支払われる謝礼は平均して1万2000円から2万円ほど。ただし、これ以外にタンキーまたはアンイイへの謝礼、場所代、儀式に使用した小道具や供物の費用などがかかるから、平均総額は日本円にして10万円を下らないはず。平均的な家庭にとってはかなりの出費といえる。

最後に、同じく道教の影響を強く受けながら、法事ではなく、道士やタンキーの出番もない台湾独特の習慣を挙げておこう。故人を偲ぶ葬儀にストリッパーやポールダンサーを呼ぶ習慣である。

台湾のタンキー（シャーマン）

葬儀につきものと言えば、1980年代までは泣き叫ぶ女性が一般的だったが、犯罪組織が葬儀社を買い取ったこと、および民主化の進展に伴い、より多くの人に故人を弔ってほしいとする遺族の思いが重なり、日本人の目には場違いとしか映らない習慣が定着することとなった。ただし、都市部では禁止されているため、目にできるのは地方だけになる。

参考文献

■聖書協会共同訳『聖書』日本聖書協会
■新教出版社編『聖書辞典』新教出版社
■大貫隆ほか編『岩波キリスト教辞典』岩波書店
■大塚和夫ほか編『岩波イスラーム辞典』岩波書店
■大林太良ほか編『世界神話事典』角川選書
■松村一男監修『世界の神々の事典　神・精霊・英雄の神話と伝説』学研プラス
■吉田敦彦編『世界の神話101』新書館
■沖田瑞穂著『世界の神々100』ちくま新書
■小林登志子著『古代オリエントの神々　文明の興亡と宗教の起源』中公新書
■矢島文夫訳『ギルガメシュ叙事詩』ちくま学芸文庫
■矢島文夫著『メソポタミアの神話』ちくま学芸文庫
■岡田明子・小林登志子著『シュメル神話の世界　粘土板に刻まれた最古のロマン』中公新書
■杉勇・屋形禎亮訳『エジプト神話集成』ちくま学芸文庫
■伊藤義教訳『原典訳 アヴェスター』ちくま学芸文庫
■青木健著『ゾロアスター教』講談社選書メチエ
■上村勝彦著『インド神話　マハーバーラタの神々』ちくま学芸文庫
■ホメロス著、松平千秋訳『ホメロス　オデュッセイア上下』岩波文庫
■松田治著『ローマ建国伝説　ロムルスとレムスの物語』講談社学術文庫
■本村凌二著『神々のささやく世界　オリエントの文明地中海世界の歴史1』講談社選書メチエ
■本村凌二著『沈黙する神々の帝国　アッシリアとペルシア　地中海世界の歴史2』講談社選書メチエ
■桜井万里子著『古代ギリシアの女たち　アテナイの現実と夢』中公新書
■カール＝ヴィルヘルム・ヴェーバー著、小竹澄栄訳『古代ローマ生活事典』みすず書房
■長谷川岳男・樋脇博敏著『古代ローマを知る事典』東京堂出版
■落合淳思著『甲骨文字の読み方』講談社現代新書
■落合淳思著『甲骨文字に歴史をよむ』ちくま新書

■高馬三良訳『山海経　中国古代の神話世界』平凡社ライブラリー
■伊藤清司著、慶應義塾大学古代中国研究会編『中国の神獣・悪鬼たち：山海経の世界』東方選書
■宮本一夫著『神話から歴史へ　中国の歴史1』講談社学術文庫
■貝塚茂樹著『中国の神話　神々の誕生』講談社学術文庫
■冨谷至著『古代中国の刑罰　髑髏が語るもの』中公新書
■大形徹著『不老不死　仙人の誕生と神仙術』志学社選書
■谷川道雄・森正夫編『中国民衆叛乱史1　秦～唐』東洋文庫（平凡社）
■谷川道雄・森正夫編『中国民衆叛乱史2　宋～明中期』東洋文庫（平凡社）
■青木健著『マニ教』講談社選書メチエ
■山本由美子著『マニ教とゾロアスター教　世界史リブレット4』山川出版社
■立川武蔵著『ヒンドゥー教の歴史　宗教の世界史2』山川出版社
■玉城康四郎編『仏教史II　世界宗教叢書8』山川出版社
■末木文美士編『仏教の歴史2　東アジア　宗教の世界史4』山川出版社
■横手裕著『道教の歴史　宗教の世界史6』山川出版社
■菊地章太著『道教の世界』講談社選書メチエ
■小島毅著『儒教の歴史　宗教の世界史5』山川出版社
■松本宣郎編『キリスト教の歴史1　初期キリスト教～宗教改革　宗教の世界史8』山川出版社
■工藤元男著『占いと中国古代の社会　発掘された古文献が語る』東方選書
■籾山明著『秦の始皇帝：多元世界の統一者（中国歴史人物選 第1巻）』白帝社
■鶴間和幸著『秦の始皇帝　伝説と史実のはざま』歴史文化ライブラリー（吉川弘文館）
■吉川幸次郎著『漢の武帝』岩波新書
■氣賀澤保規著『則天武后』講談社学術文庫
■檀上寛著『明太祖　朱元璋』ちくま学芸文庫
■川本芳昭著『中華の崩壊と拡大　魏晋南北朝　中国の歴史⑤』講談社学術文庫
■石橋崇雄著『大清帝国』講談社選書メチエ

フリップ・A・キューン著、谷井俊仁・谷井陽子訳『中国近世の霊魂泥棒』平凡社
■小島晋治著『洪秀全と太平天国』岩波現代文庫
■山田賢著『中国の秘密結社』講談社選書メチエ
■綾部恒雄監修、野口鐵郎編『結社が描く中国近現代　結社の世界史2』山川出版社
■佐藤公彦著『義和団の起源とその運動　中国民衆ナショナリズムの誕生』研文出版
■朴永圭著、神田聡・尹淑姫訳『朝鮮王朝実録【改訂版】』キネマ旬報社
■繁田信一著『日本の呪術』Mdn新書
■藤巻一保、佐々木宏幹、大宮司朗、羽田守快著『呪術の本　禁断の呪詛法と闇の力の血脈』学習プラス
■山下克明著『平安時代陰陽道史研究』思文閣出版
■繁田信一著『平安貴族と陰陽師　安倍晴明の歴史民俗学』吉川弘文館
■瀧浪貞子著『桓武天皇　決断する君主』岩波新書
■諏訪春雄著『安倍晴明伝説』ちくま新書
■斎藤英喜著『安倍晴明　陰陽の達者なり』ミネルヴァ書房
■山本幸司著『頼朝の天下草創　日本の歴史09』講談社学術文庫
■坂井孝一著『承久の乱　真の「武者の世」を告げる大乱』中公新書
■関幸彦著『承久の乱と後鳥羽院　敗者の日本史6』吉川弘文館
■赤澤春彦著『鎌倉期官人陰陽師の研究』吉川弘文館
■清水克行著『室町は今日もハードボイルド　日本中世のアナーキーな世界』新潮社
■吉田小五郎著『ザヴィエル』人物叢書（吉川弘文館）
■福田千鶴著『春日局』ミネルヴァ書房
■坂井建雄著『世界史は病気が変えてきた』廣済堂出版
■秋山聰著『聖遺物崇敬の心性史　西洋中世の聖性と造形』講談社選書メチエ
■松本宣郎著『ガリラヤからローマへ　地中海世界をかえたキリスト教徒』講談社学術文庫
■小田内隆著『異端者たちの中世ヨーロッパ』NHKブックス
■橋口倫介著『十字軍騎士団』講談社学術文庫

参考文献

■佐藤賢一著『カペー朝　フランス王朝1』講談社現代新書
■佐藤賢一著『ヴァロワ朝フランス王朝2』講談社現代新書
■池内紀著『悪魔の話』講談社学術文庫
■渡邊昌美著『異端審問』講談社学術文庫
■堀米庸三著『正統と異端　ヨーロッパ精神の底流』中公文庫
■池上俊一著『魔女狩りのヨーロッパ史』岩波新書
■上山安敏著『魔女とキリスト教　ヨーロッパ学再考』講談社学術文庫
■池上俊一著『森と山と川でたどるドイツ史』岩波ジュニア新書
■松田智雄編『世界の名著18　ルター』中央公論社
■ミヒャエル・H・カーター著、森貴史ほか訳『SS先史遺産研究所アーネンエルベ　ナチスのアーリア帝国構想と狂気の学術』ヒカルランド
■浜本隆志著『ナチスと隕石仏像　SSチベット探検隊とアーリア神話』集英社新書
■小林珍雄著『法王庁と国際政治』岩波新書
■郷富佐子著『バチカン　ローマ法王庁は、いま』岩波新書
■松本佐保著『バチカン近現代史　ローマ教皇たちの「近代」との格闘』中公新書
■春日孝之著『黒魔術がひそむ国　ミャンマー政治の舞台裏』河出書房新社

著者 **島崎 晋**（しまざき すすむ）

1963年、東京生まれ。立教大学文学部史学科卒業。専攻は東洋史学。在学中、中国山西省の山西大学に留学。卒業後、旅行代理店勤務を経て、出版社で歴史雑誌の編集に携わる。

現在はフリーライターとして歴史・神話関連等の分野で活躍中。最近の著書に『眠れなくなるほど面白い図解 孫子の兵法』（日本文芸社）、『劉備玄徳の素顔』（MdN 新書)、『どの「哲学」と「宗教」が役に立つか』（辰巳出版）、『鎌倉殿と呪術 怨霊と怪異の幕府成立史』（ワニブックス）などがある。

呪術の世界史
神秘の古代から驚愕の現代

2024年7月10日 初版発行

装 丁 志村佳彦(ユニバーサルデザイン)
校 正 大熊真一(ロスタイム)
編 集 川本悟史(ワニブックス)

発行者 髙橋明男
発行所 株式会社 ワニブックス

〒150-8482
東京都渋谷区恵比寿4-4-9 えびす大黒ビル

お問い合わせはメールで受け付けております。
HPより「お問い合わせ」へお進みください。
https://www.wani.co.jp
※内容によりましてはお答えできない場合がございます。

印刷所 株式会社 光邦
DTP アクアスピリット
製本所 ナショナル製本

ISBN 978-4-8470-7456-1